U0742367

物流3.0

"互联网+"开启智能物流新时代

林 庆◎著

人民邮电出版社

北 京

图书在版编目（CIP）数据

物流3.0："互联网+"开启智能物流新时代 / 林庆
著. -- 北京：人民邮电出版社，2017.5
（盛世新管理书架）
ISBN 978-7-115-45377-8

Ⅰ. ①物… Ⅱ. ①林… Ⅲ. ①互联网络－应用－物流
管理 Ⅳ. ①F252-39

中国版本图书馆CIP数据核字(2017)第056874号

内 容 提 要

　　进入"互联网+"时代，一批创新型的物流企业诞生和成长，一批传统的物流企业也积极与"互联网+"融合，颠覆自身的商业模式与运营思路。分析这些依托自身获得资本青睐并发展壮大的物流企业，它们所探索的均可以总结为物流 3.0 模式，包括"物流+"模式、众包物流、跨境物流、物流 O2O 等。未来，在智能物流、智慧物流的带动下，中国的物流行业将全面实现转型升级、得到质的飞跃。本书适合企业管理者、物流行业从业者和市场营销、互联网营销从业人员，以及近期关注"互联网+"热点问题的读者阅读。

◆ 著　　　　林　庆
　　责任编辑　赵　娟
　　责任印制　彭志环

◆ 人民邮电出版社出版发行　　北京市丰台区成寿寺路 11 号
　　邮编　100164　　电子邮件　315@ptpress.com.cn
　　网址　http://www.ptpress.com.cn
　　北京虎彩文化传播有限公司印刷

◆ 开本：700×1000　　1/16
　　印张：14　　　　　　　　　2017 年 5 月第 1 版
　　字数：193 千字　　　　　　2025 年 2 月北京第23次印刷

定价：49.80 元

读者服务热线：(010)53913866　印装质量热线：(010)81055316
反盗版热线：(010)81055315

大咖赞誉

　　林总从一线的物流实践出发，将复杂的物流概念和现象娓娓道来。这些全新的观点不仅是当下"互联网＋"高效物流的智慧总结，更是对未来发展的趋势前瞻。该书不仅适合物流专业学生作为拓展视野的好材料在课外阅读，而且是物流行业人士案头的好工具与好参考。

——天津大学物流与供应链管理系教授、博士生导师，

中国物流学会副会长　刘伟华

　　林庆以物流专家和物流企业家的双重视角，对"互联网＋"开启智能物流新时代做了很好的诠释，为物流业"互联网＋"的发展提出了思考和建议，是一本值得大家研习的物流读物。

——浙江大学信息与电子工程学院院长　章献民

　　现代物流业是促进产能转移、经济转型和供给侧改革的强劲动力。推动传统物流业迈向现代物流业是政府物流部门的重要工作内容之一。一方面，互联网和电商让大多数人感受到了现代物流的高效和魅力；另一方面，现代物流业也必须依靠"互联网＋"来获取新动力和创新发展模式。"互联网＋物流"催生出很多新的物流模式，让人眼花缭乱、目不暇接。林庆先生这本书对这样的状况进行了比较深入的解读，对现代物流业的研究者、

1

从业人员和专业学子而言，是值得一读的。

———四川省人民政府口岸与物流办公室主任 吴舸

物流随着电商的发展呈爆发性增长，但物流实际上还是劳动密集型的传统行业。如何在互联网时代转型升级，《物流 3.0："互联网 +" 开启智能物流新时代》指出了方向，给出了答案。

———中央电视台财经频道《财经周刊》主编 周羿翔

万物互联的海量数据推动了大数据技术的高速发展，当物流遇到大数据，会对我们的生活带来怎样的影响及变革？推荐《物流 3.0："互联网 +" 开启智能物流新时代》，本书是当下难得的物流行业"互联网 +"的启蒙之作，给我们带来跨界的思考。

———杭州数梦工场科技有限公司合伙人、执行总裁 郑志松

物流伴随着大数据、云计算、物联网等新兴技术的发展，加速迈向 3.0 时代。物流巨头纷纷通过登陆资本市场，积极借助资本的力量推动商业模式的创新。本书深刻剖析了当前各类主流的商业模式，有助于引发对整个物流业的再思考。

———浙商证券四川分公司总经理 金昊

随着"互联网 +"时代的来临，物流已经从单一的服务功能向集成化综合性服务转变。四通一达和顺丰的相继上市，"物流 + 电商""物流 + 金融""物流 + 园区"等新的产业叠加格局对中国的物流行业起到新的引领作用。全球智能制造的不断升级将进一步促进物流行业的全面创新升级，《物流 3.0："互联网 +" 开启智能物流新时代》从剖析传统物流到"互联网 +"模式下的新时代智慧物流给出了精准全面的分析，是值得一读的好书。

———深圳市跨境电子商务协会执行秘书长 高长春

供应链金融业务在我国快速发展并实现多方共赢的局面。而物流作为供应链金融的基础服务体系，是为供应链金融风险提供"保驾护航"的服务之一。物流服务如何在新的服务体系中升级，《物流 3.0："互联网 +"开启智能物流新时代》给出了详细解析。

——中国供应链金融服务联盟秘书长、

北京聚和供应链信息技术研究院副院长 徐煜

作为一名从 2013 年就坚持践行物流 O2O 的同行，看完《物流 3.0："互联网 +"开启智能物流新时代》，收获两点：第一，本书非常系统、全面、客观地对整个行业的发展历程做了介绍，特别是书中提及的很多场景或案例更是让人体会颇深；第二，本书对物流企业接下来该何去何从、如何跟上节奏把握风口具有很强的指导作用！作为同行，强烈推荐本书！

——福建未名集团董事长助理 林秀玲

物流业的转型升级是全球经济螺旋式发展的核心要素之一，对目前正在昂首迈入全球第一大经济体的中国而言，社会各方更是切身感受和密切关注。本书作者作为一位资深而卓有见解的行业人士，从一个全新的视角对快速裂变中的物流行业进行了深入的发现和发掘，对资本机构和投行人士而言，开卷定有裨益！

——云石资本创始合伙人 皮任远

推荐序

　　元旦刚过，林庆与我联系，介绍了他刚完成的新作《物流 3.0："互联网 +"开启智慧物流新时代》，并让我为该书作序。这表明林庆对我的尊重和信任，而我欣然应允之后却又诚惶诚恐，生怕当了"歪嘴和尚"。只好根据自己的理解，先做一个"开场白"。要知本书真谛，读者尚需认真研读全书，全书融汇了当前物流发展的热点，是林庆多年来物流运作思想的结晶。

　　初识林庆是五年前我给四川某市高新区做物流发展专项规划。林庆在当地投资建有一家物流企业和物流园区，在介绍自己企业物流建设情况以及整个城市和周边物流发展时，他如数家珍，侃侃而谈。在物流规划调研时给了我们团队很大的支持与帮助。更为可敬的是，作为公司老总平时业务已经非常繁忙，但仍然在业余时笔耕不辍，非常谦虚勤奋好学，时常和业内物流专家讨论物流业发展现状、问题与趋势，并积极探索经营发展之道。后来，我相继推荐林总参加中国物流学会学术年会，参加中国物流与采购联合会物流行业企业管理现代化创新成果征集。林总参加物流学会学术年会后，更加积极地投身到物流学术思考中。在微博上，专门开设了"物流新力量·在线讲堂"，每周一次，先后邀请业内许多大咖分享最新的物流观点，拥有在线注册的粉丝上万人。本人也曾受林总邀请，荣幸地在论坛中进行了专题演讲，观众在线提问非常火爆，可以看出林总搭建的物流思考平台非常受大家欢迎。林庆还是一个特别热心为他人提供帮助的老总，每次我做物流方面的学术问卷调查，都免不了麻烦他，但他无论工作有多忙，都不辞辛苦，第一时间给我回复，并提出了很好的修改建议，我不少学术文章受林总帮助也已经发表到国际高水平期刊上。

正是因为林总的勤奋思考、乐于待人，林总在物流行业中逐渐成长为知名物流专家，并先后荣获了多项荣誉。例如，2013 年被四川省人民政府聘为物流专家，2014 年被中国物流与采购联合会聘为公路货运分会首批特约专家。2016 年还获得了全国物流行业劳动模范的荣誉称号，成为当年获得该殊荣的四川省七名劳模之一。

《物流 3.0："互联网 +" 开启智慧物流新时代》是林总在物流行业中多年来实践思考与总结的结晶。当前，伴随新一轮科技变革的兴起，我国物流业加快与互联网深度融合，智慧物流快速起步，顺应了全面推进产业进程，系统降低企业成本，提升物流运作效率，有效支撑国民经济的时代需求。该书总共分 8 章，以"互联网 +" 发展环境为研究背景，为读者介绍了物流 3.0 时代下传统物流向"互联网 +" 转型的重要运营模式以及智慧物流的发展趋势。书中还创新性地提出了"物流 +" 的概念，探索了"物流 + 电商""物流 + 地产""物流 + 供应链金融"，并对"互联网 +" 下的物流新业态如货运 APP、众包物流、跨境物流进行了专题论述。最后，介绍了智慧物流概念与落地方法，从全局视角论述了智慧物流的变革趋势与实施策略。全书既有物流思考的高度，又有学术探索的深度。林总从一线的物流实践出发，将复杂的物流概念和现象娓娓道来。这些全新的观点不仅是当下"互联网 +" 高效物流的智慧总结，更是对未来发展的趋势前瞻。该书不仅适合物流专业学生作为拓展视野的好材料在课外阅读，而且是物流行业人士手头的好工具与好参考。

本书的出版是林总对智慧物流的思考精华，期待林总未来能给物流读者奉献更多更好的新书！

天津大学物流与供应链管理系教授，

博士生导师中国物流学会副会长

刘伟华

2017 年 1 月 15 日

前　言

　　2015 年，中国的快递业务量为 206 亿件；而 2016 年，这一数字则突破了 300 亿件。一年百亿件的增长速度，令人叹为观止。

　　如果要列举中国近十年来发展最快的行业，物流业绝对可以占一席之地。毫不夸张地说，中国的物流业用短短十年的时间完成了发达国家上百年的积累。

　　我们可以用更为具体的数字进行说明：2011 年，天猫"双 11"的交易额为 33.6 亿元，其产生的包裹量为 2200 多万件。当时，由于陡然剧增的快递量，使得各家快递企业频频"爆仓"。如今这一数字已经成为电商平台的日常交易额和包裹量。从 2013 年开始，"双 11"产生的包裹量便进入以亿计量的阶段，快递企业也能够比较从容地应对。

　　在快递速度越来越快、快递体验越来越好的背后，实际上是互联网相关技术对整个物流供应链的优化，物流业正在被互联网所改变，并成为驱动新零售和经济新常态的重要动力。

　　在互联网时代的新商业环境下，无数传统行业都遵循着"物竞天择，适者生存"的丛林法则，即通过自我进化与完善获得生存与发展的机会。这种特征在物流行业的发展历程中也有所体现。作为一名长期致力于物流行业的观察者与实践者，我认为在过去的二十年中，我国的物流行业正在逐渐实现由 1.0 到 3.0 的华丽蜕变。

　　★物流 1.0：随着全球经济的快速发展，物流被纳入顶层设计，成为国民经济中一个新兴的服务性产业。在物流 1.0 时代，物流服务理念得到广泛普及，大量的第三方物流企业涌现。

★物流 2.0：随着网络技术的发展与电子商务的崛起，物流的服务地位得到进一步提升，物流行业也呈现出信息化、自动化、网络化、智能化与柔性化等特点，现代物流进入一体化物流时代。

★物流 3.0：2015 年 3 月，李克强总理在两会上提出"互联网＋"计划，加之新一代信息技术的成熟，倒逼传统行业转型升级。而在此背景下，现代物流也逐渐迈向"互联网＋物流"时代，由此开启了物流行业的新一轮革命。

近几年，在大数据、云计算、物联网、人工智能等互联网相关技术的推动下，中国的物流企业进行了一系列积极的探索和尝试。例如，顺丰、京东等不断尝试用无人机运送快递，并积累了一定的经验；苏宁在 2016 年"双 11"期间启用第四代智慧物流仓库"苏宁云仓"，改善用户的购物体验；罗计物流在线上打造了多款 APP 产品，有效地连接了供需双方，在降低运输成本的同时，提高了运输效率……可以说，中国的物流业正逐渐从传统的劳动密集型产业向现代的技术密集型产业升级。

物流业是国家经济社会发展的一个基础性产业，物流业的升级和变革将有助于转变我国的经济发展方式、提升国际综合竞争力。在 2015 年国务院印发的《关于积极推动"互联网＋"行动的指导意见》中，高效物流被明确列入发展目标，实现高效物流正是"互联网＋"时代物流企业的主要目标。

过去十几年，中国的物流行业经历了高速的发展。在取得辉煌成就的背后，也不可避免地催生出种种行业乱象。例如，尽管中国物流行业的规模十分庞大，却总是难以摆脱智能化程度低、物流效率低、运输成本高等瓶颈。2016 年，中国的物流绩效远远落后于发达国家，在全球居第 27 位；而从数据流、信息流、资金流等细分数据来看，中国的物流水平也与德国等发达国家存在不小的差距。

如今，物流行业的增速已经逐渐放缓，物流业进入了一个转型升级的关键时期。在这样的大环境下，对物流企业而言，更应该追求精细化的发

展路径，并对各项资源进行深度整合。而与"互联网+"相结合的物流3.0
模式就为物流行业提速增效、挖掘潜力指明了方向。

　　进入"互联网+"时代，一批创新型的物流企业诞生和成长，一批传统
的物流企业也积极与"互联网+"融合，颠覆自身的商业模式与运营思路。
分析这些依托自身获得资本青睐并发展壮大的物流企业，它们所探索的均
可以总结为物流3.0模式，而其形式不外乎"物流+"模式、众包物流、跨
境物流、物流O2O，等等。未来，在智能物流、智慧物流的带动下，中国
的物流行业将全面实现转型升级、得到质的飞跃。

目　录

第1章

颠覆物流：
"互联网＋"重构物流生态圈

1.1　互联网 + 物流：开启一个全新的物流时代

1.1.1　"互联网 + 物流"与国家顶层设计

在 2016 年 7 月召开的国务院常务会议上，李克强总理对发展"互联网 + 物流"的战略意义作了进一步强调，他指出："推进'互联网 + 物流'，不仅是发展新经济，更是提升传统经济，这能大大降低企业成本、提高经济整体运行效率。"

近两年，国家先后出台了多个与物流行业相关的政策，而且李克强总理还亲自前往企业园区、快递公司参观指导，这充分显示了国家对物流行业寄予的重大期望。在我国经济转型及传统物流产业的变革中，"互联网 + 物流"将发挥十分关键的作用。

◆ "互联网 +"开启高效流通模式

目前，受制于经济结构的限制，我国经济虽然在整体上有着巨大的规模及体量，但在流通方面却表现出高成本、低效率的特征。在资金流与物流流通受阻的状态下，如果不及时进行调整，很可能会对我国经济的发展造成严重损害。

我国政府公布的数据显示，2015 年我国的 GDP 总量为 10.4 万亿美元，仅次于美国的 17.4 万亿美元。而在物流方面，世界银行 2016 年发布的物流绩效指标排行榜中显示，中国排名第 27 位，与德国、荷兰、新加坡、美国等发达国家仍存在着较大的差距。

我国物流相关政策的出发点主要有两个方面，如图 1-1 所示。

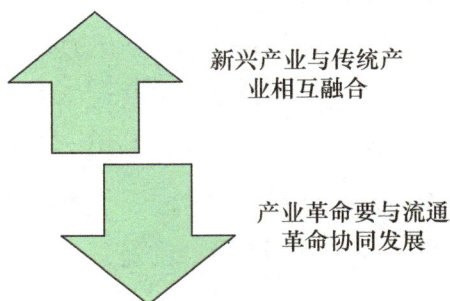

新兴产业与传统产业相互融合

产业革命要与流通革命协同发展

图 1-1　我国物流产业政策的两大出发点

其一，强调新兴产业与传统产业之间相互融合，共同促进产业整体发展水平提升。这与国家在经济改革中一贯采取的方式十分契合，进行供给侧改革，通过简政放权缓解中小企业的压力，助力新兴产业发展。此为推动中国经济转型的"手术刀"。

其二，强调产业革命要与流通革命协同发展、相互促进，确保传统产业能持续增长。主要实现方式为通过相对宽松的货币政策，这是转型过程中缓解传统产业疼痛的"麻药"。

根据经济发展状况的不同，国家政策可能会在某一阶段对其中一点有所倾斜，但这两点都十分关键。其中最为核心的意义在于，在推进转型战略落地的同时，还能保持经济的平稳性。理想的状态则是在保持新兴产业实现快速发展的基础上，使传统产业平稳度过转型期。

物流是支撑流通革命的关键所在。从本质上看，人类发展历史中的前两次工业革命都是将能源作为切入点，通过流通革命带动产业革命。如蒸汽革命时代，火车的兴起催生了以法国 Le Bon Marche 为代表的几家世界上最为古老的百货公司；电气革命时代，汽车为商超及工业企业的快速发展提供了强大动力。

◆ 互联网＋物流：提效降本的关键

毋庸置疑，大幅度降低物流成本可以对整个经济的运行效率带来极大的提升。美国经济的快速发展正得益于完善的综合物流体系及工业体系。而进入 21 世纪后，美国的物流业开始朝着"工业化＋IT 化"的方向发展，如公路网络、航空基础设施、多式联运体系及信息软件系统等。

物流集中度、物流运营能力是衡量一个国家物流行业整体发展水平的重要指标。 美国物流产业在发展过程中实现了高度集中化，美国 1979—1990 年排名前 100 名的物流企业有 2/3 的企业走向死亡或被兼并收购。据市场研究机构公布的数据显示，美国快递行业的 4 家行业巨头垄断了 90% 的市场份额。

据不完全统计，我国的货运企业有 80 万家，其中有 32 万家是仅有运输车辆的小微企业，包括加盟商在内的快递企业注册总量达到了 2 万家以上。虽然排名前五的快递企业拥有 70% 的市场份额，但仅有顺丰为独立的快递企业（2012 年顺丰成立集团公司后，将所有的加盟商全部收购，此后关闭了加盟入口），其余几家快递企业都存在着大量的加盟商，而且总部对加盟商的控制较为松散。

我国的物流业仍存在着较大的提升空间，而且这种强调基础配套设施建设的产业在短时间内很难实现重大突破。在互联网的带动下，整个世界正在从 IT 时代逐步向 DT 时代转变，传统的思维方式及行业规则也变得不再适用，以信息为切入点的流通革命正在深刻改变着我国的诸多产业。

信息流通不畅是造成我国物流效率较低、成本较高的一大重要因素。 从衡量一个国家社会物流成本的关键指标"社会物流总费用在 GDP 中所占的比例"来看，2015 年我国的这一数字为 16%，较前几年的 18% 已经有所下降；但美国的这一数字仅为 8% 左右，发达国家的这一数字平均为

10% ~ 12%。这表明我国的社会资源创造的价值在物流运输过程中发生的损耗远超过发达国家。

在更为具体的数字对比上，我们可以了解到我国物流产业的问题所在。我国的运输成本为 5.8 万亿元，美国的这一数字约为 6.2 万亿元，但我们的持有成本要比美国高出 10.9%，管理成本则比美国高出 200%。简单地说，就是我们的物流运输成本比美国低 4000 亿元，运送的货物量是美国的 2 倍，但管理费用却是美国的 3 倍。这提醒我们，我国物流产业的问题并非在产能方面，而是发生在信息环节。

据统计，我国物流产业的空载率高达 40%，其最大的原因就是车货信息不匹配。大量运力资源处于闲置状态，有运输需求的商家却由于不能及时找到提供配送服务的物流企业而延误了生产活动。事实上，近两年来公路货运信息平台的出现使物流的空载率已经有所降低，据一些平台公布的数据称，公路货运信息平台的应用可以使空载率下降 6%。

管理能力及效率低下也是影响我国物流产业发展的一大阻力。2015 年我国快递包裹量为 206 亿件，虽然爆仓问题有所缓解，但这是建立在物流公司雇佣了大量人力的基础之上，在业务规模不断增长的同时，管理成本居高不下。长此以往，等到 5 ~ 8 年后我国的快递业务量突破 1000 亿件时，管理成本又将增加到怎样的规模？届时人口红利恐怕早已消失殆尽。

◆ 平台思维：重塑物流企业价值链

在"互联网 +"浪潮的不断推进下，大量的平台型企业不断涌现，产业间及企业间的沟通协作成本明显降低，云仓储、众包物流、智慧物流、现代物流园等创新业态呈现出强大的生命力。在互联网信息平台的支撑下，位于不同区域的物流公司可以实现高效协作，从而给广大消费者带来更为极致的物流体验。

以阿里巴巴的菜鸟网络为例，负责仓储运营的是国内顶尖的仓储巨头心怡科技物流，而负责干线分拨的则是万象物流，进行输运的是快递公司，"最后一公里"环节由菜鸟驿站的加盟商负责。参与配送的这些企业之间根本毫无关联，但在将全部数据整合到菜鸟网络这一平台后，它们之间却产生了前所未有的化学反应。

借助于大数据、云计算等技术，物流运营及管理成本可以得到有效控制，而且更多的闲置物流资源可以加入到价值创造中来，确保社会资源实现快速而高效的流通。作为一种"互联网＋"模式，"互联网＋物流"这种新兴业态，不仅为我国经济的发展提供了新的增长点，更能够使依托于重资产的传统物流产业在互联网时代快速而平稳地度过转型期。

1.1.2 "互联网＋"时代的物流转型升级

相对于新兴的互联网行业的高速发展，物流行业虽然起步较早，但其发展速度相对滞后一些。从诞生起，物流的发展就需要经济商品的生产形成足够规模，这就要求商品的大规模生产，从而降低成本消耗。但是，物流行业的组织松散、秩序混乱、服务质量差的现状也成为物流行业发展革新的巨大阻力。货运车辆与运货业主之间没有良好的信息交流，货车的返程空载现象频繁发生，也是物流行业现存的主要弊病。

随着互联网的高速发展，其作用范围不断延伸。线上线下一体化模式的问世，给物流行业的彻底革新带来了新的希望。互联网依靠其本身巨大的优势，能够有效促进信息交流，提高企业参与市场竞争的积极性，丰富了产品的多样化，给了消费者更多的选择与参考。物流企业在发展过程中更加注重用户体验，其竞争焦点也从货源方面转到服务上。

◆ "互联网＋物流"模式崛起的原因

"互联网＋物流"模式的崛起主要有以下几个方面的原因，如图 1-2

所示。

互联网的应用有助于物流领域的改革升级

持续发展的电子商务带动了物流行业的进步

跨境电商的崛起倒逼物流产业变革

互联网在物流领域的渗透作用不断加强

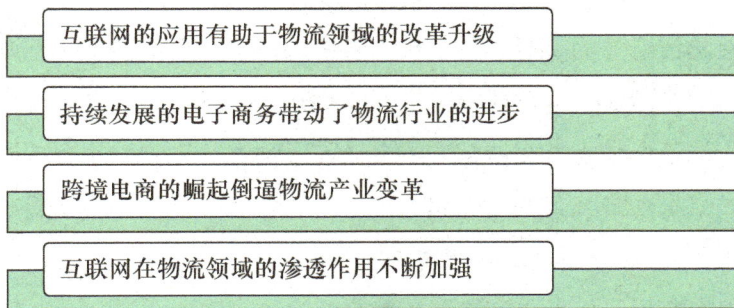

图 1-2 "互联网＋物流"模式崛起的 4 个方面原因

（1）互联网的应用有助于物流领域的改革升级

互联网正逐步渗透餐饮、房地产、汽车等诸多行业。就物流行业而言，物联网将有效促进其改善服务质量，加速物流运转。发挥互联网的作用，不仅能够提高整个行业的运营效率，还能提升用户体验。

（2）持续发展的电子商务带动了物流行业的进步

近年来持续发展的电子商务对物流行业提出了较高的要求，若物流滞后，无疑会阻碍电商领域的发展。一方面，在电商行业发展的带动作用下，物流行业的运转效率逐渐提高，能够与现阶段用户分散的、个性化的、在服务质量要求较高的需求相对接。另一方面，目前的货物运输多以小批量运营为主，与传统模式相比，同一时间段内的货运次数大大增加。在这种形势下，快递行业若仍然停留在传统发展模式，就无法承担现代社会的物流需求，因此，互联网物流企业必须注重相关的改革。

（3）跨境电商的崛起倒逼物流产业变革

在海淘逐渐普及的今天，互联网物流得到快速发展如今，越来越多的用户通过跨境电商或海淘来满足自己的消费需求。跨境电商经营者在为国内消费者直供海外原装进口商品时，需要与移动互联网物流企业进行合作，通过提升用户的物流体验，完善整体服务，并突显自身的竞争优势。

（4）互联网在物流领域的渗透作用不断加强

在互联网不断发展的今天，互联网物流企业的结构模式会得到改善。互联网在物流行业的渗透不只是技术层面的应用，更是互联网思维在整个物流领域的渗透。物流行业与互联网的结合，促使整个物流市场趋向于多样化，专注于各个垂直领域，进一步提高了物流行业的整体运转效率，同时对相关企业也提出了更高的要求。

◆互联网的发展提升物流发展空间

传统物流行业与互联网的结合有诸多优势，能使物流企业突破传统运作模式的限制，提高自身的信息化及智能化水平。

与互联网结合带来的信息化，并不只是停留在平台建设、网站开通或推出 APP 层面，其价值还体现在能够充分发挥移动互联网的优势，提高信息的开放程度，方便企业进行各个环节的管理，提高运营效率，为交易环节提供信誉保证等，通过互联网思维的应用及先进技术的引进推动传统物流产业的升级。

物流行业与互联网的结合并非盲目随大流，而是为了增强该行业发展的持续性。物流行业与多个领域之间存在关联，在业态方面的拓展难度要相对低一些。企业可免费提供物流服务，通过其他业态获得利润，实现成本覆盖。如果物流公司能够把握好"互联网 +"的机会，强化流程监管、增强用户体验、提高运输效率，肯定会使互联网物流的市场空间得到进一步提升。

1.1.3 "互联网 + 物流"的主要运作模式

◆整车配送模式

互联网物流企业在建立之初，往往侧重于平台化的运营，能够有效实现物流服务相关信息的匹配。近年来，物流市场的发展更加成熟，不少企业尝试在货物集散端采取新的运营模式。最常见的方式是，**互联网物流企业打造自己的平台，为有货运需求的用户和司机提供信息对接服务**。企业通过平台化运营，将分散的货源汇集到一起，在满足需求方的同时，为服务方提供更多的发展机会。

但是，互联网物流企业即便搭建了自己的平台，仍然深受成本消耗大、运转周期长、需要花费大量精力连接高质量货源等问题的困扰。虽然整车配送、一装多卸模式看似打破了传统运营模式的限制，能够更好地实现货运信息的匹配、有效安排货物的运输工作，但从本质层面上来说，物流行业的供应仍然停留在传统模式，如图 1-3 所示。

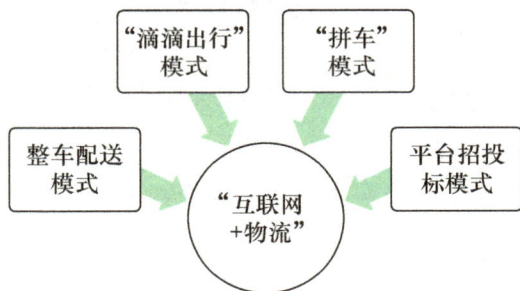

图 1-3　"互联网＋物流"的主要运作模式

◆ "滴滴出行"模式

在移动互联网高速发展的今天，借助于 LBS 定位服务的应用，互联网物流行业开始兴起与出行服务领域内"滴滴出行"相似的运作方式，即本身有货运需求的用户将需求信息上传到平台，提供运输服务的司机在平台上抢单。这类物流企业套用了"滴滴打车"的运作思路，但这种模式并非完全适用于物流行业。

一方面，从根本上来说，提供出行服务与满足货运需求是不同的。通常情况下，企业的货运需求更集中一些，与打车需求相比，前者要办理更多手续；不同客户的需求各不相同，没有统一的标准规定。另一方面，很多物流企业目前尚未建立完整的支付闭环，货品配送服务的平均交易金额居高不下，服务方没有开具发票的权力，无论是用户还是司机，都要在交易过程中签收回单。此外，账期可能会导致信用风险。

◆ "拼车"模式

"滴滴出行"模式在物流行业的应用面临困境。出行服务领域中的"拼车"方式在物流行业能否开辟新局面？以现阶段的市场发展情况来分析，"拼车"模式还将得到进一步的发展。

拼车是将车辆资源进行共享，与船舶运输的分仓模式存在共同之处；前者是以货品的体量为参照，把车辆空间分为不同部分，以实现最大化的空间利用，在运输过程中同时满足多个用户的货运需求，在提高资源利用率的同时，降低成本消耗，并保证运营效率。

关于这种模式的物流运作，不少业内人士建议通过高频次的需求占据市场，进而满足用户的低频次需求。然而，目前的市场开拓还十分有限，"拼车"模式在货运行业的应用可能还达不到理想的效果。除此之外，受技术条件的限制，再加上寻找高质量货源的难度较大，可能导致该模式的整体运营效率维持在低水平。

◆ 平台招投标模式

在该模式下，需求方将信息上传到专业服务平台，服务方通过平台参与竞价，需求方在对其进行比照之后从中选出自己满意的服务者，双方再进行沟通。以这种模式为主导的互联网物流企业，注重通过平台化运营强化对供应链的管理。

然而，这种模式也存在弊端。互联网的普及应用提高了信息开放程度，互联网物流企业给出的服务价格不断接近该行业的最低成本支出，在这种情况下，司机的价格设定也维持在较为稳定的水平；当物流交易效率大幅提升时，竞价模式会逐渐处于劣势地位。

对此，部分物流公司试图采用补贴的方式在竞价中占据优势地位，从而增加市场占有率。但这需要公司提供源源不断的资金支持；从长期发展的角度来分析，难以通过市场考验。

而在供应链上处于核心地位的企业更具优势。通常情况下，企业由最初一条供应链拓展为多条，进而完成各个链条之间的统一管理，接下来就会进入平台化运营阶段；在进行多个平台运营的同时，逐渐形成包含各个环节的完整生态体系，如平台建设及日常运营、货品的末端配送、各个地区的物流仓储、大数据技术的应用、相关的交易事务，等等。商业生态体系中的所有环节都将受到该模式的辐射作用，采用该模式的企业也将不断壮大自身的实力基础。

立足于宏观角度来分析国内物流领域的发展态势，如今国内在铁路运输、航空运输方面都不乏实力型企业，但公路运输在运力方面缺乏统一整合。所以，在完善整体生态体系的过程中，要在短时间内实现各个主导供应链之间的整合恐怕不太可能，这也是构建生态经济体系的一大障碍。

1.1.4 大数据如何赋能"互联网 + 物流"

在数据分析技术发展的基础上，能够提高大数据产业链的运转效率。从根本上来说，互联网在物流行业的应用，是利用网络平台的优势，以数据化方式进行物流管理与运营。不过，互联网相关设施的建设与完善是其基本条件。

"互联网 +"计划的实施，离不开 3 个领域的建设，即云计算和大数据基础设施（简称"云"）的建设、互联网与物联网（简称"网"）的建设、终端设备（简称"端"）的建设，若这 3 个方面的发展过程比较顺利，将大力推动"互联网 +"在物流领域的应用，促进行业整体的改革与升级。随着大数据的普遍应用，人们的传统思维将面临挑战，接下来将在商业模式上进行创新。

◆变革车货匹配

在物流企业集中分布的区域，经常会出现货物运输车辆闲置不用的现象，造成严重的资源浪费。在这种情况下，一些旨在加强车辆及货物运输需求之间的联系沟通的线上平台与专业化应用应运而生，利用大数据分析技术，使那些需要运输的货物能够方便快捷地找到适合的车辆，并完善相关企业的信息管理体系。

◆ **实现运输路线优化**

以美国快递公司 UPS 为例，分析一下怎样通过大数据的应用实现运输线路的优化。

在货物配送过程中，该公司通过 Orion 系统的应用，能够查询到 20 万条运输路线，并从中筛选出最优路线，整个过程只需要几秒钟的时间。利用大数据技术，UPS 在研究中发现，货车如果左转，会在运输过程中耗费大量时间，所以该公司不允许货车左转。据悉，UPS 计划通过应用大数据技术提前感知配送人员的行为，对其进行监管。

结合大数据的应用能够加速物流企业的运转，使不同企业之间实现信息的交流与共享，缩短货物运输的距离，节省该过程的时间消耗。

◆ **销售预测与库存**

在改革传统商业模式的同时，一方面通过大数据的应用，使库存结构更符合现实需求，节省货物存储方面的资金投入；对不同商品进行分类存储，根据商品在运营中的具体用途对其进行管理，当需要用到特定种类的商品时，能够进行统一调度，例如，其中一部分商品主要用于积累用户，还有一些商品用于回馈老客户，等等。

另一方面，系统会对之前收集的数据资源进行深度挖掘，科学评估商品的库存规模是否合理，提供有效的数据参考，避免货物积压，以降低资金的投入。

借助网络技术的发展，能够促进国内物流领域的改革，使其整体发展方向有所变动。在传统模式下，生产商会在各个地区建设商品供给站点。如今，消费者的地位逐渐提高，不同用户之间的需求差异也日渐明显，传统配送模式已经不适应当今的社会需求。传统模式下的需求完全取决于供给，如今，需求对供给的作用更加突出，在这种情况下，供给站点的布局方式也要发生改变。其中，大数据的应用对这些领域的变革起到了重要的推动作用。

◆ 设备修理预测

还是以美国快递公司 UPS 为例。

进入 21 世纪后，UPS 一直采用预测性分析技术监管公司的货物运输车辆，因为车辆总体规模较大（达 6 万辆），超出人工管理的范畴，运用大数据技术可以提前预测车辆可能出现的问题，并提前做好预防工作。

具体来说，如果车辆在运送货物的过程中出现故障而无法继续前进，公司不得不重新调配一辆货车，并且要重新装载，从而降低了运输效率，而且造成人力资源的浪费。为了避免这种现象的发生，当车辆零件的使用时间达到两年或三年时，公司会统一替换。

然而，这种解决方案仍然存在问题，其中有一部分零件未出现磨损就被撤下来了。后来，该公司通过预测性分析技术的应用，对车辆进行全方位监测，找出产生磨损或出现故障的零件，大大降低了公司的成本消耗。这种系统还能对新车进行有效监测，帮助公司提高货物运送效率。

◆ 供应链协同管理

供应链体系日渐完善，其包含的信息也越来越多。企业在进行管理的过程中，需要借助相应的工具与技术对这些信息进行处理，提高其利用率。大数据技术可应用于市场需求分析、货物存储、资源调度、设备监控、线路设置、企业经营规划的制定、原料采购等各个环节，颠覆企业传统的业务结构及运营模式。

在具体管理过程中，企业需收集其在资源利用、商品交易、质量检测等各方面的数据资源，对企业运营过程中的成本控制、效率提升、品质保障等进行监管。企业既要使整体运营保持稳定，还要有效地组织商品生产，降低成本消耗；为此，企业要考虑很多因素，包括资源消耗、优化配置、资金投入、货物存储量等，必须借助技术手段，协调各方面的管理，提高企业的整体运营效率。

◆ 变革思维方式

如今，物流领域对数据资源有了更加深入的了解，打破了传统观念的限制。然而，分散的数据在实际应用过程中还没有充分展现出其价值。

近年来，越来越多的投资者将目光转移到大数据的应用上，大数据本身的商业价值也逐渐被挖掘出来。相信其在后续的发展过程中还会在更多领域发挥重要的推动作用。可能从目前来看，其实际应用效果还不是十分明显，不过，只要突破传统思维模式的限制，大数据的应用就能给企业带来更多的灵感，能够丰富现有的产品种类，完善服务体系。

1.2 共享物流：共享经济下的物流模式创新

1.2.1 共享物流：高效整合物流资源

Uber 及 Airbnb 作为实践共享经济的代表，在近年来获得快速发展，也使共享经济成为业内人士频繁讨论的话题。除了出行领域及房屋租赁行业以外，共享经济的影响范围还在进一步扩大，包括多个领域在内的诸多用户群体都已经被包含在内。

如今，我国的物流行业在共享经济的影响下，也进一步开拓了市场空间，很多创业企业也试图利用共享经济模式在物流行业开辟一片天地，这方面具有代表性的有物流外包、物流信息服务平台等。相信在今后的发展过程中，随着共享经济在该领域的广泛应用，会有更多专业的物流平台诞生并迅速崛起。

◆ 物流的发端与影响因素

物流，顾名思义就是货物流通，它早在汉唐时期就出现了，丝绸之路就是最好的证明。而我国真正引入"物流"这一概念则较晚。物流对我国经济社会的发展起到了重要的推动作用，这一点是不容否认的。

（1）物流的发端

物流最初的发端要追溯到"物物交换"时代，物流服务的价值主要体现在时间、空间两个层面上。怎样来理解物流的空间价值及时间价值呢？

首先来分析空间价值。将南方的水果运输到北方市场进行销售，这就是空间价值的体现，即依靠空间转换提高产品的价值；其次是时间价值，举例来说，把夏季出产的农产品入库存储，等到冬季再进行销售，这就是时间价值的体现。从中能够总结出物流环节的关键组成部分，即产品运输与仓储。这也是物流的主导服务项目。

（2）物流的波动因素

如上所述，将南方的水果运送至北方市场，当这种水果处于收获季节时，其运输量会迅速上升；但当收获季节结束时，该产品的运输需求也降至 0。同样，夏季出产的粮食在当季需进行大规模的存储，但随着时间的推移，粮食不断出售，其存储量也逐渐下降，到最后，仓库中可能出现清空现象，直到第二年粮食成熟季节。

影响物流波动的因素有很多，除了上文提到的季节性波动之外，企业产能、节假日、重大事件及大规模推广等因素也可能导致其出现波动现象。虽然经营者试图通过供应链的完善来减少物流的波动，并采取有效措施为物流争取时间，但不可否认的是，仍然会产生波动。

通过分析不难看出，无论是哪个行业，其物流峰值都远远高出均值数据。总体而言，仓储过程的峰值系数在 1.5 左右，运输过程的峰值系数则普遍在 5.0 左右。峰值与均值之间存在如此大的差距，经营者应该采取怎样的应对措施呢？

通常情况下，企业本身的物流资源储备足以维持其大多数情况下的正常运转。当物流需求较大时，管理者会给员工安排更多的工作任务，要求其通过加班来完成；也有部分企业采用外包模式，与第三方达成合作关系，实现物流资源的整合利用，由此诞生了物流共享经济。

◆ 共享物流的本质与特征

传统物流有很多弊端：**信息失衡、资源不能共享、各个物流体系之间不能联通，使得资源严重浪费。** 共享物流的出现就为解决这一问题找到了一个很好的方法。

从本质上来讲，共享物流就是共享物流资源。对于整个物流资源来说，货运资源只是其中的一小部分而已。对于现代物流来说，系统是关键。在庞杂的物流系统中，物流资源呈现出网络化、信息化和标准化的特点，其中能够实现共享的资源也越来越多，如物流信息、物流设备、仓储设施、人力资源、终端配送资源等，这些资源为共享物流的形成打下了扎实的基础。

在现实生活中，物流资源的共享方式有很多，如租赁、回收再利用、交换、循环使用等。但无论采用哪种方式，都有一个基本条件，就是实现信息互通和协调配置。

◆ 物流共享经济的未来

物理空间、人力资源、配套设施是整合物流行业运转过程中不可或缺的三大资源。 具体而言，物理空间包括仓库、停车场、货物堆放地点，等等；人力资源包括搬运人员、货品分类人员、司机、配送者，等等；配套设施包括运输货物所需的车辆资源，仓库中用来移动货品的托盘、叉车，等等。上述所有资源，最终都会以共享模式得到应用。

迄今为止，出行领域中采用共享经济模式的企业已经诞生了数家市值达 10 亿美元的企业，相比之下，物流行业的总体规模要比前者高出十几倍，从这个角度来说，物流共享经济必然蕴藏着巨大的开发潜力。

1.2.2 政策红利：商贸物流的标准化

共享行为在传统经济时代就已经出现了，如朋友之间的信息共享，邻里之间蔬菜瓜果等食品的共享等。进入互联网经济时代之后，这种共享行为就更加频繁了，如文字共享、视频共享、图片共享……虽然在日常生活、生产中共享行为发生得非常频繁，但却始终没有形成一种具有广泛影响力的经济现象。

在"互联网 +"时代，线上和线下的融合，资源共享的内容已经逐渐从虚拟资源扩散到了实体资源，车子、房子、电脑、相机等各种闲置物品都可以共享，甚至一些生产资料、商业基础设施也都加入了共享行列。

◆ 政策红利：共享物流时代的来临

十八届五中全会提出了五大发展理念——创新、协调、绿色、开放、共享。共享物流与这五大发展理念非常契合。近年来，商务部流通司对"共享物流"给予了高度重视，做出了诸多努力来推动实现共享物流。

2012 年 6 月，商务部流通司下发《关于推进现代物流技术应用和共同配送的指导意见》，并在全国范围内选择了 9 个城市作为试点开展共同配送。到 2016 年，这个试点发展到了 25 个城市。这些城市在共同配送方面都取得了很好的成果，开创了全国共同配送的新局面，成功地以共享配送资源为切入点推动了全国共享物流模式的发展。

2016 年以来，商务部流通司以标准托盘的循环共用为切入点，开始实行商贸物流的标准化行动。**标准托盘的循环共用指的是借助标准托盘资源的共享，将上下游的物流系统连接起来，在带板运输和托盘共用的双重作用下，不用二次装卸、不用倒换托盘就能实现货物交接。**这一模式实现了设备资源的共享，实现了托盘资源的优化利用，促使物流效率得到了极大的提升。

总之，商务部流通司的这种种举措，完全超出了"滴滴出行"等模式在物流行业的应用，有效地解决了物流信息不平衡、市场供需不协调等问题，推动了资源共享的真正实现。借助于物流共同配送、标准托盘循环共用等举措，有效地降低了货物损耗，并大大推动了物流运输效率的提升，推动了商贸物流标准化的全面应用，产生了巨大的社会效益和经济效益。

◆ 如何推动物流共享经济的发展

近年来，共享物流受到了社会各界的广泛关注。对于共享物流来说，实现的关键就是标准化，即实现商贸物流的标准化发展。那么如何做到这一点呢？

要引导企业从小处着手开展单元化物流创新，从产品的包装开始，让企业的产品包装与我国产品包装的标准相契合，遵循统一的原则和规范，让产品包装与物流配送设施的相关尺寸一致，实现物流包装的共享，进而为物流配送共享设备打下扎实的基础。

什么是单元化物流呢？**单元化物流指的是在物流系统中，在物品发货地就对货物按照包装模数进行整合，将其整合为有一定标准、有一定规则的货物单元，并保持这个状态一直送到最终的交货地点。**在这种单元化物流模式下，不仅减少了物流费用，而且产品的运输包装、产品的装卸搬运工具也发生了变革，过去那种各扫门前雪的物流方法得以改变，为实现共享物流打下了坚实的基础。

在"互联网 +"时代，线上和线下的有机结合使得共享物流得到了飞速发展。在共享物流模式下，不仅各种资源能够实现共享，资源配置能得以优化，还能大幅提升物流系统的运作效率，减少物流配送过程中的产品损耗，促使物流服务水平得到有效提升。在未来物流模式的创新改革中，共享物流是最值得推荐的模式。

1.2.3 【案例】共享物流 2.0 时代的来临

◆物流共享 1.0

物流在长期的发展过程中始终存在着季节性波动的现象，从这个角度来说，物流共享经济也不是近年才产生的。南方的水果运送至北方时，很少有果农为此专门配备卡车，绝大多数是采用外包方式，由专业运输人员来完成；夏季出产的粮食，当生产者自家没有足够的存储空间时，也要租用其他人的粮仓。

1.0 时代的物流共享经济在交易方面多集中于线下渠道，交易规模较小，多发生在个体之间。在其后续发展过程中，该领域的发展逐渐由分散走向

集中，其规模也不断壮大，共享平台便应运而生。这方面的典型代表案例是罗宾逊全球物流有限公司（美国）。

美国罗宾逊全球物流有限公司（C.H. Robinson）创建了 1905 年，迄今已有 100 多年的历史。作为北美首屈一指的第三方后勤物流公司，它在当地拥有很高的知名度。该公司的总部位于明尼苏达州，同时在美洲的多个地区以及欧洲都建立了办事处，其物流服务覆盖至世界多个国家及地区，并推出了不同类型的服务模式。此外，该公司联手当地的汽车运输企业，以保证自身的物流运输。

虽然罗宾逊物流公司被业内人士评为美国居于首位的卡车运输企业，但该公司自己并无运输车辆。不过，罗宾逊物流公司与美国的 5 万家卡车运输公司达成合作关系，而中小型卡车运输公司占其中的大部分。

这些公司的运输车辆总数可达 100 万辆，罗宾逊公司通过采用共享经济模式，让这些资源为己所用。通过资源整合形成的运输网络能够覆盖至美国各个地区，在有货运需求的用户及司机之间搭建沟通的桥梁，为双方提供服务。

运输公司面对需求量的大幅变化，与罗宾逊公司达成合作关系，采用外包模式，把车辆资源提供给司机，是对物流的共享经济 1.0 的简单概括。

◆物流共享 2.0

新时代下的移动互联网迅速发展，共享经济也在原有基础上取得了进步，表现最为突出的是 Uber 及 Airbnb 的崛起，随之而来的是物流共享经济步入 2.0 时代。

代表性案例有以下几个。

【案例 1】Flexe

美国仓储管理平台 Flexe 采用共享经济模式，能够实现储位提供者及需求者之间的信息匹配。Flexe 平台的运营能够为需求方提供仓储空间，同时为资源提供者拓展盈利渠道。

Flexe 的仓储业务在美国 20 个市场展开布局，其仓库总数在 80 个以上。当管理人员接收到需求信息时，可通过 Flexe 的搜索工具，在短时间内筛选出与需求信息相匹配的仓库，帮助客户有效应对存储需求的急剧上升，并带动其后续的一系列运营，提前做好产品存储方面的准备工作。

从储位提供者的角度来分析，只需通过简便的操作就能在 Flexe 平台上对接市场需求，具体而言，储位提供者需将其仓库的容量大小、具体规格、存储功能、管理时间等具体信息上传到平台，平台运营方则会对其价值进行评估，并给出明确的出租价格；若信息提供方认为价格合理，就能通过平台寻求与需求方之间的连接。

【案例 2】UberRUSH

Uber 第三方快递服务 UberRUSH，是一种同城快递服务，于 2015 年推出。有配送需求的用户可登录手机 APP 上传信息，联系服务提供方，标记出具体位置，等待"信使"上门接单，为其提供配送服务。

概括而言，只要是用户本身所在区域被包含在 Uber 的服务范围之内，就能发送配送需求，由 Uber 的接单人员提供配送服务，这一点与 Uber 打车存在共性。其区别之处在于，不再由专业司机提供收发件服务，"信使"会步行或者骑车来取件与配送。

手机应用能够提前显示信使接单后从其出发地到达用户指定收件地点所需的时间。不仅如此，在货物运输过程中还能显示其沿途经过的地理坐标。

【案例 3】Shipster

美国商用物流服务平台 Shipster。不管是轻巧的还是体积较大的货物，Shipster 都会将打包时间控制在 20 分钟以内。该平台联手包括联邦速递、DHL 等在内的诸多规模化物流公司，自建了专门的取件队伍，其总成员数量接近百人；他们根据需求者的货物类型及其体积大小，为其提供自行车、面包车、大型货车等多种规格的车辆。

该公司于 2014 年 11 月开始运营，到 2015 年年底，其配送的货品数量每月超过 11000 件。Shipster 平台面向多种类型的企业提供配送服务，既有以 Squarespace 为代表的新兴科技企业，也有以 Diane Von Furstenburg（DVF）为代表的世界顶级时尚名牌。该平台着重强调自己能够在最短的时间内将所有类型的货物运送至指定地点。

【案例 4】Wonolo

提供临时雇佣人员的 Wonolo 公司。Wonolo 这个词是"工作"（Work）、"现在"（Now）、"本地"（Locally）的缩写，该公司于 2013 年在美国投入营运，主营业务是面向企业提供急需的工人，其服务对象既有新兴的小规模公司，也有在世界上排名靠前的大规模企业。急需补充人力资源的公司在 Wonolo 平台发布招聘信息，对接当前能够满足其需求的用户。

举例来说，当一家零售企业在货运需求较大的工作日中发现自己公司的物流装配人员不够时，该公司可以将招聘信息上传到 Wonolo 线上平台；用户看到其招聘内容之后，会前来应聘，解决公司的燃眉之急，保证其正常运转。

从根本上来说，2.0 时代的共享经济具体表现：第三方依托网络科技手段打造并运营的开放平台，面向用户提供其所需的服务项目，便于用户更好地应对外部因素的变化，为企业的正常运转保驾护航。

1.3 物流 APP：移动互联网时代的智能物流

1.3.1 物流 APP：抢滩移动互联网风口

作为一个传统行业，物流一直在努力地适应着时代的发展，但是其信息化水平到今天也没有达到一个统一的高度。即便如此，浸染在移动互联网环境下的物流行业还是产生了一批移动终端应用产品。

我们暂且不去讨论此类产品的优缺点，仅从这些产品的问世便可以看出，移动互联网对物流行业来说并不只是意味着冲击，同时也带来了一个机遇，一个能够自我变革、改善行业的机遇。然而，当下的物流移动终端应用仍然处于一种混战的状态。但这种状态不会持续太久，干线也好、同城也罢，都会有崭露头角的巨头杀出重围。

◆ 移动互联网与物流的融合

随着信息技术的进一步发展，网络应用正在逐渐由 PC 端过渡到移动端。相关数据显示，进入 2016 年以后，我国移动互联网的用户规模进一步扩大，截至 2016 年 6 月，中国手机网民规模已经达到 6.56 亿。在这样的背景下，各行各业都在通过移动终端设备抢占移动互联网的市场份额，物流行业自然也不甘落后，各种 APP 产品如井喷般纷纷出现。

如今，移动终端设备在国内得到了普及，人们可以随时随地随心地获取各种信息，而移动终端应用的出现也对传统的商业模式进行着颠覆。

在这样的形势下，物流参与各方便可以摆脱时空的限制，实现更便捷的对接，如此一来，整个行业的运营效率就得到了提高。对于物流行业来说，**其未来的重点发展领域就是移动物流，谁能抢得先机谁就能在未来的竞争中占据有利位置。**

◆ 物流 APP 产品的主要类型

尽管都是携手移动互联网推出自己的 APP 产品，但是不同的企业有着不同的切入点，所以提供的内容也就存在着差异。总体来说，这些物流移动终端应用大体可以分为三类，如图 1-4 所示。

（1）**查询物流资讯。**此类产品只是将查询资讯的地点从 PC 端转向了移动端，这是大多数互联网产品从传统互联网向移动互联网过渡的统一路径。

（2）**进行干线车货匹配。**此类产品不再只是端口的迁移，而是移动互联网与物流行业之间的进一步结合。产品主要面向长途货运市场，摒弃中间环节，将货主与车主直接连接在一起，使得彼此之间的物流交易变得更加高效、透明。换句话说，此类产品其实就是一个优质的信息平台，能够为车主找货、为货主找车。

图 1-4　物流 APP 产品的主要类型

（3）同城货运。也可以说是车货匹配的同城模式，主要面向同城细分市场。此类产品同样也是一个信息整合平台，能够将同城闲散的运力以及资源调动起来，以满足货运需求。

◆物流 APP 的运营

如今，市场上的物流移动应用在数量上形成了一定的规模，但是能够保证质量并运营得当的却少之又少。其实，若想将物流移动应用做出成绩，就必须根据其不同的定位制定不同的运营方式，否则只会走向失败。

对于查询资讯类的应用来说，其实已经无所谓运营方式了，因为此类产品功能太单一，而用户的需求却日渐多样化，所以逐步退出市场已成定局。

干线车货匹配的应用有着不同的生存状况：行业大鳄经过多年的经营，已经聚集了大量的忠实用户，开启收费盈利之路也算顺风顺水；行业中的后起之秀则实行了另辟蹊径、小步快跑的战略，盈利也指日可待；而更多的企业却仍处于摸索之中。

相比上述两类应用，同城货运类的应用可以玩的花样要更多一些，因为此类应用面向的是更加细分、更加多样的需求，自然有着更多的机会与更大的空间。

◆**物流 APP 的资本关注程度**

移动互联网的普及带动了物流企业的变革，无论是外来势力的渗透还是行业内部的自省，都有一个共同的诉求——改革。在这个风险与机遇并存的节点上，资本纷纷涌入，关注并投资了诸多相关企业。其中，最受资本关注的就是同城货运。

究其原因，是因为同城货运的服务对象是个体用户以及中小型商户，他们虽然有着多样化的配送需求，但却有着小批量、高频次的特点，不怎么依赖熟车，所以此类移动应用便可以有效地进行车货匹配。而干线资源则不然，它对熟车的依赖性非常大，因此线下的关系网络很牢固，此类移动应用很难突破桎梏做进一步的推广。

1.3.2 物流 APP 模式的优势及市场应用

在很多人看来，快递物流企业是一个靠雇佣大量快递员支撑的行业，缺乏足够的技术门槛，与移动互联网、大数据等相关技术没有太大的关联。而随着"互联网 +"浪潮的不断推进，各种创业者及相关企业纷纷将目标定位于物流市场，通过推出各种细分领域的物流 APP 深度挖掘这一领域的巨大潜在价值。在人们眼中发展十分落后的传统物流行业，也开始向集众多高科技技术于一体的现代物流转变。

◆**物流 APP 模式的优势**

互联网使人们能够跨越时间与空间的限制实现无缝对接，但迫于基础配套设施及信息流通方面的问题，国内的社会资源长期以来以一种高成本、低效率的方式流通，给我国的经济发展带来了严重的阻碍。而物流 APP 的出现则为打破这种局面提供了绝佳的途径。

物流 APP 是物流企业与移动互联网之间深度融合的典型代表，其优势主要体现在以下两个方面。

其一，借助手机中的 APP，人们能够及时掌握自己发出的货物的实时信息，并通过方便快捷的操作方式随时随地享受各种优质的物流服务。

其二，物流企业可以借助 APP 发布与之相关的各种信息、为用户提供各种各样的优质服务，并通过与用户之间的交流互动获取反馈信息，从而对自身的产品及服务进一步优化改善，在为用户创造更多价值的同时，也使自身获取较高的回报。

虽然开发及运营物流 APP 产品需要投入海量资源，但为了抢占更多的流量入口并提升自身品牌的影响力，广大物流企业需要整合各种优质资源，打造出一个综合型物流 APP 应用平台。

◆快递物流 APP 应用市场分析

"移动互联"成为目前企业界关注的热点，而快递物流 APP 的出现，使快递物流企业可以与消费者实现即时高效的交流互动，进一步提升了用户服务体验。更为关键的是，凭借着物流 APP 应用在移动终端市场的占有率，企业品牌的影响力能够获得极大提升。

目前，快递物流 APP 将方便快捷的服务作为吸引消费者的切入点。从市场中的一些物流 APP 的使用情况来看，目前可以做到通过手机对快件实时状态信息、运费及网点位置进行查询的快递 APP 应用产品已经很多，如 EMS、如风达、顺丰速运、人人快递等。

这些应用产品都具备在线收发件、实时查询快件状态信息、评估运费等核心功能；在某些细节方面，它们也存在着各自的优势与不足。与 EMS、如风达及顺丰速运能为用户提供扫码查询及输入订单号查询相比，人人快递 APP 用户只能使用输入订单号来查询订单的状态信息。

顺丰速运 APP 用户可以将所有的快件实现联动，无论是发出的快件还是将要接收的快件，在这方面要比其他三家 APP 具备明显优势。此外，使用顺丰速运 APP 的用户完成下单后，后台系统将会向用户发送取件快递员的相关信息，这有效提升了用户对平台的信任感。目前其他三家 APP 尚不具备这种功能。

快递 APP 具备的投递模拟功能得到了广大用户的一致青睐，它能够让用户在真正投递快件前大致了解配送时长与费用，在这一方面，EMS 与顺丰速运 APP 提供的服务较为完善，人人快递目前仅能为消费者提供费用预估。而如风达这两种功能都不具备，但其具备的"摇一摇"功能能够让用户对发件地址进行自动定位，这有效避免了手动输入信息的繁琐流程。

整体来看，这四款快递物流 APP 产品在核心功能方面并无太大差异，而顺丰速运在细节方面做得相对更为完善，与其在国内快递市场中的统治级地位也十分契合；EMS 紧随其后，如风达相对处于弱势地位。

1.3.3 【案例】物流货运：人与信息的精准连接

进入 2016 年后，投资者对物流仓储行业的关注度明显提升。在电子商务快速崛起的互联网时代，作为重要支撑的物流货运仓储环节自然也需要不断加快其发展进程，才能更好地为电商注入源源不断的活力及动力。

物流货运 APP 应用的出现，对于物流货运仓储行业将产生划时代的重要意义，它标志着人类社会即将进入一个全新的货运时代。

实际上，对电子商务行业稍微有些了解的人都知道，当下限制及制约电商平台发展的主要就是物流配送环节，甚至有些时候还会成为决定人们消费决策的关键因素。目前很多大型商品的互联网化转型进展颇为缓慢，就与落后的物流配送行业存在着密切的关联。

移动互联网的出现，使得行业内诸多的商家与消费者之间的连接变得更为密切，如果能够进一步完善物流配送环节，我国经济必将迎来新一轮增长。

物流货运 APP 为广大物流人提供全国范围内的物流园区及物流公司的相关信息，并提供货源及司机信息、配送路线规划、物流信息资讯、专业级物流设备信息等，使货物流通过程中的信息不顺畅的局面被彻底打破，社会资源可以更为高效精准地进行配置。

物流配送环节与互联网存在着良好的契合度。在物流配送过程中，货物要经过多个城市，甚至有的货物还要进行跨国运输。在不同产业之间的跨界融合成为一种常态的背景下，更需要物流配送与互联网实现深度融合，为我国经济的发展提供强有力的支撑。

在物流货运向互联网转型的诸多案例中，部分企业选择了简单地将线下业务转移至线上，但这对于日益个性化及差异化的消费需求而言是明显不够的，人们迫切需要一个能够对物流货运行业信息进行高度整合，从而使诸多物流人从中受益的综合型物流货运平台。满足这一需求的物流货运 APP 应运而生。

互联网发展的最终目标就是让人与人、人与商业之间的连接变得更为高效、精准，基于移动互联网开发出的物流货运 APP 就是很好的体现。物流货运 APP 以方便、快捷、全面的运营理念，为人们提供物流咨询、车主及货源信息、国际物流、运输机械、仓储包装等诸多方面的内容及服务。

在物流资讯方面，物流货运 APP 每天会更新大量行业内最新的信息及相关政策，使从业人员能够及时针对突发状况做出相应调整；在货源信息方面，物流货运 APP 会为用户提供最新的物流配送需求，并展示其配送价格及路线规划信息，可以让物流服务人员很好地选择适合自己的配送任务。

物流货运 APP 还向注册用户提供购物车及会员信息等多种个性化服务，使货运物流变得更加高效、精准。让广大物流从业者从中获取海量的信息资讯，并最大限度地利用社会上的闲置物流资源，打破限制物流行业发展的时间及空间障碍，使供需双方实现高效精准的无缝对接，是物流货运 APP 想要实现的终极目标，也将为整个物流货运行业的互联网转型进程提供一定的借鉴经验。

1.3.4 【案例】顺丰 APP：打造全新的快递体验

◆顺丰速运 APP 的基本发展情况

2014 年 10 月，顺丰速运 APP 周活跃度超过 12 万人次，而到了 11 月这一数字已经超过 27 万人次。也就是说，在 11 月期间，平均每周都有超过 27 万人使用顺丰速运 APP 提供的各种优质服务。当然，这与电商平台在 11 月举办的"双 11"购物狂欢节有直接的关联。

此外，顺丰速运 APP 的 Android 与 iOS 版本的月均用户活跃人数均达到了各自版本总人数的 80% 以上，这反映了其用户群体具备极高的用户忠诚度。这些数据都证明了顺丰速运 APP 在快递物流 APP 产品中已经建立起较强的品牌优势。

2014 年 11 月，顺丰速运 APP 发布的用户统计数据显示，在 27 万活跃用户中，广东、北京、上海、浙江及江苏分别以 17%、16%、11%、8.1% 和 7.5% 的比例占据排行榜前五。

由此我们能发现，快递物流和经济发展水平呈正相关，北上广作为国内几大一线城市，其经济发展水平自然毋庸置疑；浙江作为电商巨头阿里巴巴及快递公司"四通一达"的大本营，快递发展水平也相对较高；江苏则存在着海量的密集型企业，每天都有大量的商品流入及流出。未来，随着我国经济的不断发展，快递物流 APP 产品的用户规模将会迎来新一轮增长。

◆ 顺丰速运 APP 的粉丝经营策略

对于抽奖及优惠券这两种商家普遍采用的吸引消费者的有效手段，顺丰自然也不甘落后。2014 年 12 月 4 日至 12 月 31 日，顺丰推出"寄件赠送 5 元顺丰电子券"活动，凡是成功寄件的用户即可获得价值 5 元的代金券。更令用户感到兴奋的是，顺丰将在 2015 年 1 月 7 日之前，从参与活动的用户中抽取幸运用户，这些用户最终将有机会获得包括 iPhone 6 在内的终极大奖。

顺丰在旗下的顺丰速运 APP 中投入如此多的精力的最根本原因，在于其了解到寄件业务在移动终端的巨大发展前景。顺丰希望在进一步增加用户流量的同时，能够让更多的用户养成使用移动终端寄件、查件的习惯，这对于顺丰完成消费闭环将产生巨大的推力。

与微信、支付宝、滴滴、百度地图等 APP 应用产品类似的是，顺丰从为用户创造价值的角度出发，通过不断对产品的功能及体验进行优化，争取为用户创造出最为优质的快递应用产品。

毋庸置疑的是，一个国家的经济发展水平与其快递物流发展水平存在着直接的关联，快递物流将直接关系到整个国家的资源利用效率，而顺丰以快速高效的配送实力在国内市场建立了强大的品牌影响力。虽然在价格方面顺丰并不具备优势，甚至和"四通一达"相比还处于劣势，但仍有大量的消费者愿意为之买单；在高端商务配送市场，顺丰更是几乎处于垄断地位。

无处不在的移动互联网，使人们之间的交流沟通跨越了时间与空间的限制，商业贸易更为频繁，但此时仍需要有系统而完善的物流基础设施提供强有力的支撑。未来，我们需要有以顺丰速运 APP 为代表的诸多物流快递 APP 应用产品，为我国的快递物流产业走向成熟注入源源不断的活力及动力。

1.4 物流 O2O：构建线上线下一体化解决方案

1.4.1 物流 O2O 模式崛起的四大因素

之前，物流行业几乎是垄断的，只有中国邮政一家独大。但是在电商模式的迅猛发展下，一方面，中国邮政因为服务不到位、运送不及时，满足不了时代需求。随着淘宝、当当等电商平台在中国的出现及迅速发展，以韵达、中通等为代表的专业快递公司在短时间内发展起来。另一方面，京东的物流体系也随着京东商城的崛起而得到快速发展。

京东在物流建设方面取得的卓越成绩，使其成为众多电商平台效仿的楷模，很多电商平台也着手打造自己的物流体系。但创建自建物流所需的大规模资金投入又成为大部分公司不得不面对的一个问题。如今，线上线下一体的物流企业之间展开了激烈竞争，对整个物流行业的未来走向造成影响。

互联网在对传统行业进行改革的过程中，通常会应用到大数据分析、线上线下一体模式以及信息智能化处理技术，但是能够完整地建立线上线下一体化模式的平台又极少，物流领域也不例外。当今的物流 O2O 模式已经迅速崛起，随着其自身的不断发展与完善，必将成为物流行业的主体。它的迅速发展主要由以下几个因素促成，如图 1-5 所示。

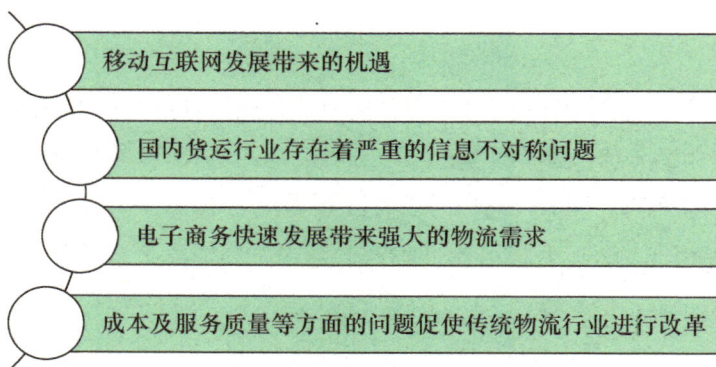

移动互联网发展带来的机遇

国内货运行业存在着严重的信息不对称问题

电子商务快速发展带来强大的物流需求

成本及服务质量等方面的问题促使传统物流行业进行改革

图 1-5　物流 O2O 模式崛起的四大因素

◆ 移动互联网发展带来的机遇

随着移动互联网时代的到来，O2O 模式在很多领域得到应用，无论是餐饮、生鲜、零售业，还是医药、教育等领域，各行各业的 O2O 模式都得到了快速发展，送货上门服务也更加常见。但是配送问题就成了企业不得不面对的巨大考验。

有相当一部分平台在物流方面都存在短板：由经营者自己提供配送服务，无法保证服务质量，而且很多商家也不想增加自己的劳动量；而中通、韵达等第三方物流企业不适合距离太近的货品运输；打造独立物流体系需要大规模投入资金。这些因素无一不促使物流 O2O 模式的出现及快速发展。

◆ 国内货运行业存在着严重的信息不对称问题

在中国的货运行业，承担配送任务的货车司机一般为个体户，大部分货运工作都是由他们完成的。他们接受货运任务多是通过熟人和朋友介绍，或者是直接在当地的货场与需求方达合作关系。

这种松散的货运业务承接模式，也使货车司机接不到订单，而另一边，需求方无法找到合适的货运承接方。在这种情况下，物流 O2O 应运而生。

◆ **电子商务快速发展带来强大的物流需求**

随着电商平台的迅速崛起，其物流需求也日益增大，现有物流模式已经跟不上它们的需求。尤其是在购物狂欢节，如淘宝"双 11"、京东"6.18"等，短时间内物流量急剧增加，当前的物流模式难以应对这种挑战。

这时要想顺利完成配送任务，就急需大量的配送人员参与，而无论是第三方模式还是拥有独立物流体系的平台都无法在短时间内组织起这样一支大规模的物流团队。众包模式的出现完美地解决了这一问题，使突增物流量不再是物流行业的噩梦。

◆ **成本及服务质量等方面的问题促使传统物流行业进行改革**

在原有的货运模式下，很多货运企业面临大量的返程成本，加上车辆保养费、上涨的油价，进一步加大了成本消耗。怎样让货运司机提高运营效率，做到货运往返途中不降低空载率？采用位置服务技术（LBS）的货运 O2O 模式将满足车主们的这一需求。

目前，服务质量水平偏低是国内物流行业面临的问题之一。如何在短时间内提升业内的服务质量，是当前物流行业的主要矛盾。新物流模式的推出，如第三方平台、众包模式、自建物流，将互联网运用到物流行业，必将有效地改善这方面的问题。

1.4.2 模式之争：如何玩转物流 O2O

◆ **全民众包模式**

在众多 O2O 模式中，众包模式是人们日常生活中较为常见的模式，也正在成为人们生活中不可或缺的一部分。这类模式中为人们所熟知的有达达、京东众包等。众包模式不仅受到了快递人员的追捧，而且受到广大用户的青睐。

众包模式的出现给广大的自由职业者和无业人员带来了大量的工作机会，实现了他们想利用闲暇时间获取更多报酬的梦想，提高了他们的收入，这为众包模式带来了追捧者与受益者。无论是工薪阶层、公务员，还是无业人员、自由职业者，只要有足够的闲暇时间，并且愿意成为快递人员，都可以通过申请加入快递大军。

其中，顺路快递这种特色模式更是能在降低快递成本的同时提高服务效率。在传统的快递模式下，无论是上门取快递还是物件的配送，都是极为耗时的。相较于传统模式，顺路送快递借助于平台的资源优化配置，将配送任务分派给周边的快递员，有效地提高了货品的配送效率。除了较为特殊的闪送，众包模式的服务价格一般较低。

但全民众包模式也有不完善的地方，主要体现在以下两个方面：**一方面，货物在运输途中可能出现意外情况，因而损害了客户利益。**就算平台对配送人员设置较高的准入门槛，也难以杜绝意外状况的出现。

从配送人员的角度来分析，若交给其配送的物品价值不菲，不排除其私藏的可能性。此外，虽然闪送允许客户通过手机终端追踪货品的位置，但仍然不能百分之百保证安全，因为平台不可能做到无时无刻掌控配送人员的行动，若配送人员想牟取私利，可以在拿到货物后关掉位置识别功能。

即便是平台提供的监控功能，也无法杜绝意外的发生。为了免去客户在交易方面的顾虑，淘宝利用支付宝工具进行处理，并要求卖家缴纳保证金。然而，物流 O2O 与淘宝的运营存在较大区别，无法使用该模式。

另一方面，服务质量有待提高。在很多情况下，配送员需要提供上门服务，但众包模式下的配送服务人员大都没有经过严格、统一的培训。据统计，在国内影响力较大的众包物流公司中，只有"闪送"平台会对一线配送人员进行统一培训，除此之外，大部分平台的配送者通过审核后即可上岗；即便是培训，也不够系统。

◆ 物流公司众包模式

还有部分物流 O2O 平台主要面向物流企业实施众包模式。在这方面具有代表性的案例有运宝网、PP 速达等。其中，运宝网将 8000 家物流专线公司、100 多万条物流线路整合起来；PP 速达联合了我国 12 家规模较大的物流企业。

如今，很多聚焦于线下渠道运营的物流企业因全民众包物流 O2O 的迅速崛起而面临发展困境，这些企业无法通过线上渠道获得足够的流量。众包平台则为传统物流企业提供了平台支持，能够有效拓展其流量，获得渠道，因而传统物流企业并不排斥与众包平台合作。

以全民众包模式为参照来分析，面向物流公司的众包模式在具体实施过程中，能够减少需求方在货品安全方面承担的风险。因为在全民众包模式下，除了个人之外，并没有其他形式的参与主体，当货品的安全性得不到保障时，想要查找具体的责任人难度很大。针对物流公司的众包模式则不同，负责配送货品的公司对其安全性负有责任。而且，物流公司的配送人员在接单之前需接受公司的系统化培训，相比之下，能够为客户提供更为专业、优质的服务。

尽管该模式存在许多优势特点，但其弊端也同样突出。第一个问题是此类物流 O2O 平台需保证足够的流量。如果平台本身缺乏流量，无法通过自身的运营为合作的物流公司带来更多的有效用户，那么平台就很难维持自己的生存与发展。当平台处于早期探索阶段时，这个问题表现得尤为明显，那时其影响力及覆盖范围就十分有限，而竞争对手又频频展开攻势；为了获得持续性发展，平台不得不砸重金进行市场推广。

第二个问题是跑单率较高。在为其他物流公司导入流量的同时，要有效保证自己在整个运营过程中存在的价值。不少采用全民众包模式的物流平台为了降低跑单率，将配送服务所得报酬的绝大部分都分配给快递工作者。但针对物流公司的众包模式与之存在较大的区别，当客户通过平台找到能够满足自身需求的物流公司后，很可能会与该公司达成长期合作关系。

◆自建物流模式

除了众包模式之外，还有一些企业打造了独立的物流体系，趣活美食送就是这方面的典型代表。作为新兴的物流企业，该平台区别于传统自建物流的地方体现在围绕线上线下一体化的物流运营模式展开。在现阶段，餐饮外送是其主导业务。

如今，对我国的采用线上线下一体化运营模式的企业来说，物流配送越来越成为其竞争焦点。与第三方物流公司合作，不仅能够有效降低自身的成本消耗，还能借助于物流公司的专业配送服务，更好地满足消费者的需求，加速整体运转。以外卖行业为例，国内占据主流地位的外卖平台或是独立打造物流团队，或是与第三方物流平台合作。

以众包模式为参照进行分析，在自建物流模式下，平台会对每一个配送人员进行专业培训，从而提高配送服务的质量。但以趣活美食送为代表的第三方自建物流平台，在刚刚兴起阶段需要足够的资金支持，因为此类平台在初期需要大量的成本消耗。另外，此类平台难以通过提供配送业务而获得高额利润，规模化运营是其唯一的选择，这意味着平台难以在初期发展阶段实现盈利。若缺乏资金支持，则平台很可能被淘汰出局。许多以校园为主导市场的物流平台也正是因为这个原因，在危机的边缘苦苦挣扎。

由于规模扩张对企业的资金实力提出较高的要求，与众包模式相比，此类物流 O2O 平台通常需要经历更漫长的时间才能形成规模效应，导致企业无法及时抓住机遇。当同类企业在某区域内的发展进入成熟阶段并形成自己的竞争优势，其地位就很难被其他平台取代。

1.4.3　物流 O2O 的转型痛点及未来趋势

从宏观角度来分析物流行业的未来发展趋势，尽管在现阶段很多物流 O2O 平台的发展都存在弊端，但毫无疑问，将有越来越多的物流 O2O 平台出现在国内市场上。与此同时，物流 O2O 的迅速发展也会给传统物流带来巨大挑战，因此，很多传统物流企业都在寻求改革升级。

◆ 传统物流转型 O2O 面临的痛点

互联网的参与，使得中介的影子逐渐消失了，如此一来，物流成本就得到了有效控制，整个行业的现状也就得到了改变。同时，互联网的介入也使得物流O2O有了巨大的发展空间。

然而，尽管传统物流企业在长期的发展过程中建立起一定的品牌优势，通过提供服务获得了大规模资金，并十分擅长线下推广，但此类企业要想转型为O2O模式，仍然不可避免地存在着障碍，具体可以归纳为三大痛点，如图1-6所示。

（1）体制困难

体制因素的限制是传统物流企业在改革过程中首先要解决的问题。所有的企业在改革中都不可避免地要涉及多方利益，只有

图 1-6　传统物流转型 O2O 所面临的痛点

跨越体制障碍，才能顺利进行下一步的改革。如今，越来越多的物流公司采用投资或联手第三方平台的方式，涉足 O2O 模式的运营发展。但遗憾的是，大部分传统物流公司在向 O2O 模式过渡的过程中陷入了困境。

（2）缺乏强大的流量入口

传统物流公司要采用 O2O 模式，就要在网络平台获得足够的流量。但传统物流在移动互联网领域的运营上并没有什么经验可言，唯一的选择就是与第三方平台合作。但长此以往，此类企业本身的价值将无从体现。

（3）经验不足、人才缺乏

传统物流在改革过程中，面临严重的人才短板，这也是企业改革的阻力因素。很多传统物流公司仍然沿用之前的思维模式，对互联网企业的发展及运营无从下手。

◆未来物流 O2O 的三大阵营

在今后的发展过程中，互联网在物流行业的渗透作用会更加明显，与

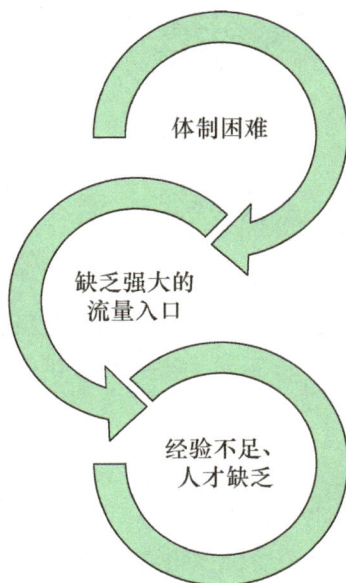

此同时，电商、货运和 O2O 物流服务将在该领域形成三足鼎立之势，如图 1-7 所示。

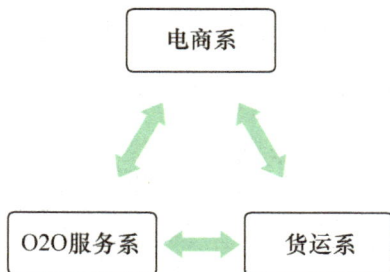

图 1-7　未来物流 O2O 的三大阵营

（1）电商系

物流电商平台在该行业占据重要地位。现阶段，以申通、圆通为代表的传统物流企业多依靠电商平台维持自身运营，也有像京东商城这样自建物流平台的。但是，随着物流 O2O 的发展，传统物流企业的发展正面临巨大压力，尤其是全民众包模式的崛起，给物流电商平台带来挑战。

（2）货运系

货运 O2O 企业也在物流行业中占据重要地位。尽管货运 O2O 在发展过程中面临许多阻力，但它确实能够在货运需求方与服务提供方之间搭建桥梁，因此货运 O2O 必将在后续发展过程中进行改革升级，在该领域内也会产生实力型企业。

（3）O2O 服务系

O2O 服务也会在物流行业占据一席之地。通过与餐馆、鲜花店、零售店等合作，为消费者提供配送服务的物流企业，或是独立打造物流团队，或是采用众包模式，此类 O2O 服务在现阶段呈良好的发展态势。

概括来说，传统物流凭借电商化运营，仍是整个物流行业中不可缺少的一部分。与此同时，众包模式及 O2O 服务也迅速崛起，与传统物流共同构成物流行业的三大支柱。

第 2 章

物流 3.0：
传统物流如何向"互联网＋"转型

2.1 转型风口："互联网 +" 时代的物流新战略

2.1.1 我国物流行业的发展现状与挑战

以移动互联网为代表的新一代信息技术的运用，在加速了传统物流产业转型升级进程的同时，更使其成为社会各界关注的焦点。

融合了各种新兴商业模式及高科技的现代物流，已经成为一个涵盖快递、快运、货运代理、合同物流、跨国物流的大型产业体系。据市场研究机构公布的数据显示，截至 2015 年年底，全球物流市场的规模突破了 9 万亿美元；中国以 1.71 万亿美元的物流市场规模成为世界上最大的物流市场。

与此同时，我国的物流企业在转型思路及方案、盈利模式、供应链管理、新型人才培养、服务体验等诸多方面仍面临着众多发展障碍。

在大部分人眼中，物流不过就是"跑运输""送快递"。电商产业的快速发展不仅没有使物流产业的价值得到充分释放，反而让人们产生了"物流是电子商务附属产业"的想法。线上商家为了吸引更多的客户而普遍使用的"包邮""送货上门"的方式，使物流在消费者心中的形象明显下滑。那么，到底何为真正的物流？

物流概念的出现最早可以追溯到 20 世纪 30 年代，其当时的含义为"货物配送"或"实物分配"。发展到今天，物流的含义得到了极大的拓展，业界给出的物流定义：**物流是供应链活动的重要组成部分，它是一种为了满足客户需求而将相关产品、服务从其产地高效、低成本地运送到消费目的地的过程，该过程需要对流通及存储进行统一的规划、实施及控制。**

从定义上来看，物流在服务商流、方便生活及促进生产方面具有十分重要的意义。物流涉及商品的存储、包装、配送、搬运和物流信息等多种环节。从不同的维度，物流存在着多种形式。图 2-1 列举了几种较为常见的物流分类方式。

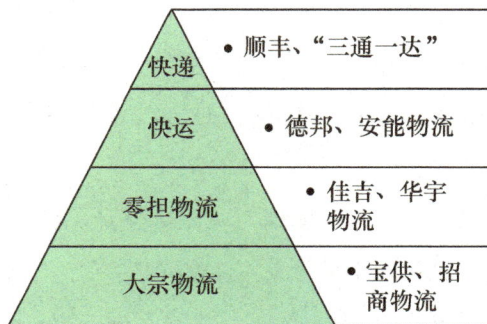

图 2-1　狭义的物流企业主流分类

◆ **我国物流行业发展现状**

我国正处于经济结构转型的关键时期，而且人口红利正在逐渐消失，物流产业的整体增长速度明显下滑，价格战令诸多的中小物流企业面临着较大的生存危机，企业收入大幅度降低。

国家统计局公布的数据表明，自 2010 年以来，中国社会物流总额增长率连续五年来一直处于下滑状态，2010 年的增长率为 29.75%，但到了 2015 年这一数字仅为 2.67%。在世界经济整体处于低迷的背景下，短时间内我国的物流产业难以迎来爆发式增长，如图 2-2 所示。

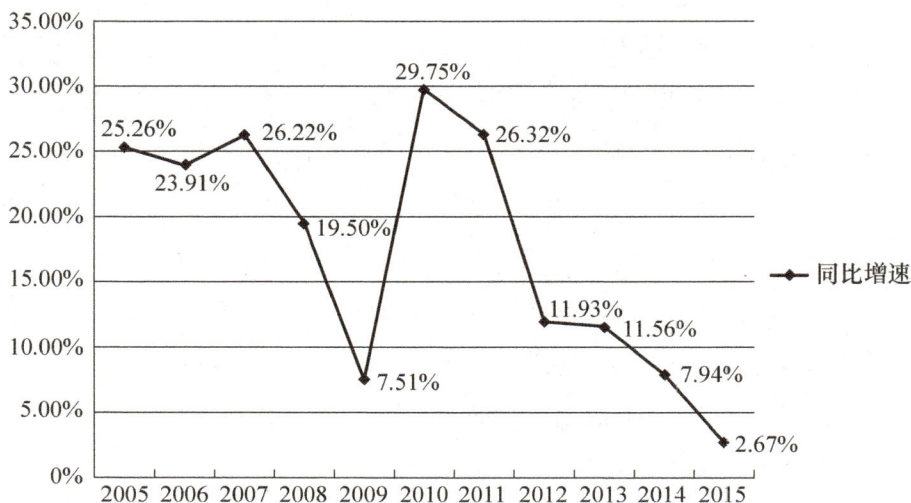

图 2-2　全国社会物流同比增速[1]

虽然与二十多年前相比，我国物流总费用在 GDP 中所占比例下降至 17%，但与物流产业发达的美国的 8% 相比，我国物流产业仍存在着较大的提升空间。

物流管理费用成本在物流总成本中所占比例也明显过高。2015 年我国物流产业管理成本约占总物流成本的 12.2%，但在以美国为代表的物流产业发达国家中，这一数字仅为 3% ～ 4%。物流企业分散、空载率过高、管理粗放等问题十分突出。我国仅是一个物流大国，还远称不上物流强国。

◆ 传统物流行业面临的挑战

近年来，选择使用打车或租车软件的用户越来越多，不少用户已经习惯了这种出行方式。在打车软件的发展取得突出成绩之时，不少初创企业及传统物流公司认识到互联网与物流结合的巨大发展潜力，很多投资人也开始将目光聚集到该领域。由此一来，互联网物流吸引了众多企业的参与，带动了整个行业的迅速发展。

――――――――――――
1　数据来源：国家统计局。

国内传统物流企业在长期的发展过程中，因缺乏统一的标准建设、成熟的运营模式，技术应用有限等因素，在很多方面仍需完善，如图 2-3 所示。

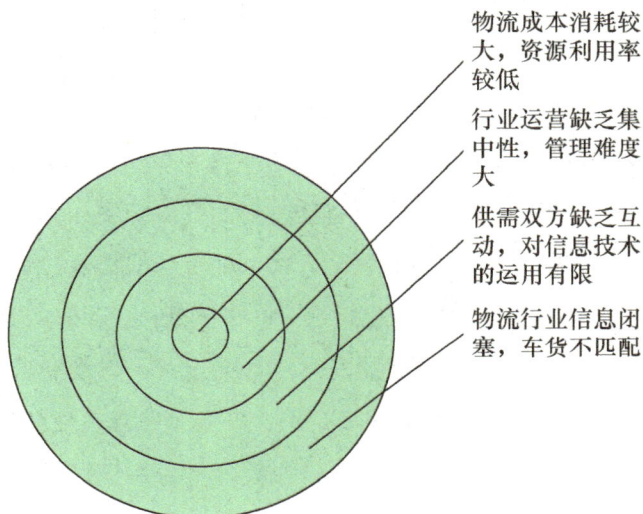

图 2-3　传统物流行业面临的挑战

（物流成本消耗较大，资源利用率较低）

（行业运营缺乏集中性，管理难度大）

（供需双方缺乏互动，对信息技术的运用有限）

（物流行业信息闭塞，车货不匹配）

（1）物流成本消耗较大，资源利用率较低

分析我国当前物流成本的总体状况可知，其在 GDP 中所占比重可达 18%。这个数据无论是与西方发达国家还是与亚太国家相比，都有过之而不及。再来分析一下物流成本在成品最终成本中的比重，我国物流成本对成品总成本的贡献率在 30% ~ 40%，比发展中国家的平均水平要高出 15 个百分点，比发达国家更是高出 20 个百分点甚至更多。

由于物流企业的运营及发展需要依靠人力资源、车辆资源、物理空间等各类资源的支撑，要降低物流成本，难度较大，资源利用率难以提高。

（2）行业运营缺乏集中性，管理难度大

国内物流行业的运营缺乏集中性，其中公路货运表现得尤为突出。具体而言，公路货运的总体市场价值可达 3 万亿元，零担业务在其中的比例约为三成。在这些零担业务中，中通、申通、圆通、韵达承担的业务规模大约为 11.1%，大型快递公司承担的业务量占 2.2%，剩下的 80% 多的零担

业务则是由小规模专线物流企业完成的。

统计数据显示，到 2015 年，国内物流公司的总体规模超过 700 万家；但这些公司拥有的货运车辆总数为 1600 万辆，也就是说每家公司拥有的车辆还不到 3 辆。

（3）供需双方缺乏互动，对信息技术的运用有限

在整个物流运营过程中，从货运需求方到终端客户，包括众多中间环节，有物流企业、各层级承运公司、专线物流公司等。即便如此，各参与主体之间的信息传递仍然依靠传统的联系方式，如电话或传真，对信息技术的应用十分有限，难以提高整体运营效率，也给企业的盈利带来不利影响。

相比之下，电子商务能够借助网络平台的运营，方便需求方与服务方之间的互动沟通，能够省去许多中间环节，在给企业带来更多利润的同时，也能节省需求方的精力。不仅如此，信息技术的应用还能够有效提高物流企业的整体运营效率。

（4）物流行业信息闭塞，车货不匹配

在传统的物流运输模式下，司机返程途中常发生空载现象，也未使用智能路线导航系统，加上车货之间的匹配效率较低，资源利用率难以提高。统计数据显示，到 2015 年年底，我国货车司机的总体规模超过 3000 万人，3/4 的货物运输是由这些人完成的。但在大多数情况下，他们接下的订单多来自熟人的推荐。

其次，在传统模式下，司机因找不到合适的货源经常空载而归，导致严重的资源浪费。而在缺乏网络平台支持的情况下，车主只能寻求中介的帮助找到合适的货源，从而降低空载率。为此，司机需要为中介支付相应的报酬，从而提高了自身的成本消耗。

2.1.2　自我进化：传统物流的变革之路

随着物流利好政策的相继出台及"互联网＋"热潮的爆发，我国的物流产业在新一代信息技术及诸多资本巨头的支撑下，有望发挥"后发优势"。

进入 2015 年后，大量的创业者不断涌入物流领域，在商业模式、盈利模式和运营及管理模式等方面进行了创新发展。自 2015 年以来，整个物流产业表现出以下三种发展趋势，如图 2-4 所示。

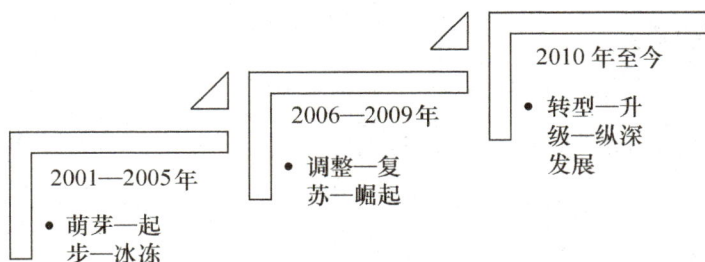

图 2-4　我国物流行业发展路径

◆ 传统物流开始转型升级，物流产业链获得极大拓展

传统物流的转型升级主要包括两种方式：其一是以海尔、美的为代表巨头企业为了提升服务体验并打造闭环生态而延伸产业链，将物流板块纳入其"帝国版图"；其二是传统物流公司在现有物流产品及服务的基础上，逐渐发展成为现代物流企业。

与采用第一种转型方式的企业相比，由于采用第二种转型方式的企业在多年的发展过程中建立起了较强的配送网络及客户资源优势，其转型升级相对更容易实现。例如，远成物流通过成立"远成快运"，在全国范围内建立了强大的配送网络；在公路零担领域占据绝对领先优势的德邦物流积极拓展仓储及快递业务等。

◆ "物流 + 互联网"模式对物流产业进行了颠覆性创新

电商业务量的迅猛增长及新一代信息技术的持续突破，使得物流产业成为人们生活的重要组成部分，大量的创业者及投融资机构争相进入物流领域掘金。社会化大生产及互联网所引发的行业变革，使得物流配送方式从最初的整车配送逐渐发展为高效精准的零担配送，互联网创业热潮更是让物流产业的颠覆式创新迎来了爆发式增长期。

货车帮、运满满、罗计物流等移动端应用为了抢占更多的市场份额，展开了激烈竞争；阿里巴巴打造的菜鸟网络要用"大数据＋大物流"在全国范围内提供 24 小时送货必达服务；人人快递、京东等切入众包物流市场，想要借着共享经济模式的红利在物流领域夺得先机。百花争艳的中国物流市场焕发出强大的生机与活力。

◆ **新型物流衍生服务型企业大量涌现**

作为为上游生产商及渠道商提供服务的物流企业，其盈利模式日益多元化。除了最为基本的收取物流服务费用外，物流企业也开始尝试通过增值服务获取收益；虚拟生产、物流金融等新兴模式在盈利能力方面展现出了强大的发展潜力，物流人才培训、供应链管理、物流配送方案设计、信息系统搭建等诸多的衍生服务型企业大量涌现。

2.1.3　如何构建互联网时代的竞争战略

在诸多传统行业转型升级的时代浪潮下，传统物流也开始迎来蜕变；电子商务及移动互联网的蓬勃发展，更是进一步加快了传统物流产业的转型进程。

在各行各业纷纷触网的年代，物流行业也出现了一些通过整合线上及线下物流资源、优化配送流程、促进互联网与物流深度融合，来对物流产业进行颠覆性创新的弄潮儿。但在整个物流行业尚未建立起统一的行业标准的背景下，仅凭这些创新者的力量很难将管理粗放、高端增值服务缺失、行业格局分散的物流产业拉出泥潭。

在这种机遇与挑战并存的移动互联网时代，想要在物流市场掘金的物流从业者及企业又该如何明确自己的重点发展战略，并在激烈的市场竞争中建立核心竞争力？具体来说，物流从业者及企业需要做好以下几个方面，如图 2-5 所示。

◆ **选择适合企业的重点业务模式**

物流产业涉及诸多环节，而且物流配送的货物种类十分复杂，生鲜、服装、艺术品、化工品、家用电器、机械配件等，都在物流行业的配送范围中。但货物本身的差异会导致其对物流服务存在不同的需求。一般的物流企业根本不具备全品类运输的能力，但国内的物流企业盲目追求规模大、服务品类全，缺少核心产品及服务，导致物流运输效率较低、成本居高不下。

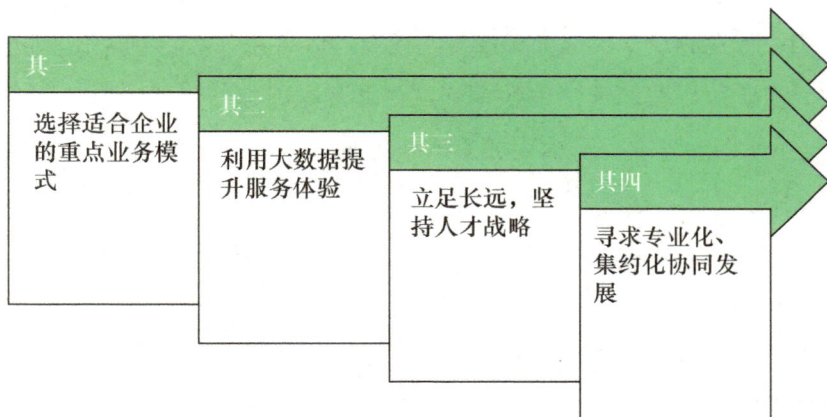

图 2-5　物流企业构建核心竞争力的关键

虽然物流产业正朝着多元化及平台化的方向发展，但对于一家物流企业尤其是中小物流企业而言，没有明确的市场定位及业务模式就很难在激烈的市场竞争中形成较强的品牌影响力。

如果能在某一细分市场精耕细作，提供"小而美"的物流产品及服务，即便是中小物流企业也能够获取高额的回报。更为关键的是，在社会化大生产的背景下，这种中小物流企业能够作为大型物流巨头产业链上诸多环节的重要组成部分，来与行业巨头共享市场蛋糕。

◆ **利用大数据提升服务体验**

用户主导的移动互联网时代，企业价值的创造必定是建立在为用户创造价值的基础上。所以，通过运用以大数据为代表的诸多新技术来优化企业的运营及管理环节，为消费者提供更为优质的服务体验，将成为企业发展差异化竞争并建立核心竞争力的关键所在。

一般来说，物流企业优化客户服务体验可以从以下两个方面进行。

其一，对客户群体进行细分。在消费需求日益个性化及差异化的背景下，物流企业需要改变以往用统一的标准来服务不同客户的思维模式，尝试为不同的客户群体提供定制化的物流服务解决方案。

其二，搜集客户数据，掌握其消费需求。移动互联网时代，企业获取客户相关数据的成本大幅度降低，在社交媒体平台、电商平台等互联网平台中，企业可以获取大量的数据，并借助数据处理工具建立客户数据库，从而为企业优化客户服务体验提供数据支撑。

◆立足长远，坚持人才战略

在各行各业掀起的创业热潮中，更加偏向于重资产运营的物流产业对人才的吸引力明显不足，而且物流企业普遍采用粗放式管理，也把大量的优秀人才拒之门外。企业之间的竞争终究还要落到人才之争上，为了解决人才匮乏的问题，企业不但要拿出更多的资源来培养及引进人才，更要制定长期的物流人才发展战略。

◆寻求专业化、集约化协同发展

从现代物流的发展情况来看，未来，协同化、专业化及集约化将会成为物流产业的几大主要特征。

以专业化为例，物流产业覆盖范围广泛，产业链拥有诸多环节，而且客户的需求日益多元化及差异化，而物流专业化则可以有效降低成本，并进一步提升产品及服务的附加值，从而使企业获取高额的回报。

以移动互联网、大数据为代表的高科技的快速发展，将引领物流产业进入产品及服务颠覆式创新的爆发期。车货匹配、云物流、可视化流程等技术的出现使传统物流产业脱离了原有的发展轨迹，物流运营及管理效率获得大幅度提升，资源配置得到了进一步优化。未来，物流企业需要在发展中积极引入新技术、新模式，加快自身信息化建设的进程。

此外，传统物流企业的粗放式管理很难让其在激烈的竞争中存活下来，随着产业结构调整的进一步深入，大量的中小物流企业将被收购兼并或者走向死亡。这将有效改变现有物流行业"小、散、乱"的行业乱象。实现高度集约化、智能化的现代物流产业园将会在未来爆发出巨大的能量。

广大物流企业必须积极做出相应的调整，以便能够适应这场巨大的产业变革。为此，需要把握市场的发展潮流，了解消费需求，通过定制化产品服务提高附加值；结合大数据分析技术，优化运力资源，降低空载率；借助新一代信息技术，实现跨区域管理，并进一步拓展上下游产业链；对业务流程进行改造优化，打破组织内的各种壁垒，使组织结构更趋扁平化。

2.2 进阶路径："互联网 +"重塑物流运营模式

2.2.1 传统物流如何拥抱"互联网 +"

进入 2016 年后，"互联网 +"计划得到进一步实施。在大环境的推动下，不少传统企业开始寻求转型，对以往的商业模式、管理结构、推广模式、创新思维和生产组织体系进行调整。

很多传统企业开始涉足电商领域，一些公司通过联手互联网企业推动自身发展，还有部分公司开展互联网金融等相关业务的运营，或者尝试采用线上线下相结合的模式，开通微信公众平台，进行线上推广，抑或将产品研发与后续的推广、销售等环节串联起来，形成完整的闭环系统。

在长期的发展过程中，国内传统物流企业承担着资源分配、促进总体战略实施的重要任务，使生产方与需求方之间实现资源对接，加速了社会经济的进步，其推动作用在计划经济时期尤为突出。后来，我国实施了改革开放政策，确立了社会主义市场经济体制，宏观经济环境发生了变化，而传统物流企业的组织体系及管理方式等仍然停留在传统模式中，与社会经济发展的主流趋势脱节，企业陷入困境，需要进行改革与升级。

很多传统企业想要抓住"互联网＋"的契机进行转型，但这种转型方式要求公司在内部调整、整体运营、创新等各个环节做出改变。那么，怎样才能推测传统企业能否通过"互联网＋"顺利转型？有什么参考因素？企业在转型过程中应该注意哪些问题？

◆ **传统物流企业变革的深层原因和契机**

从传统企业发展的角度来分析，当前的整体发展趋势将起到积极的带动作用。据统计，2015 年我国国内生产总值的增长率为 6.9%，全社会货运量达 450.2 亿吨，比上一年增加了 4.4%。由此可以得出的结论是，**近年来，国内经济总量还在持续上升阶段，与此同时，物流量也会呈增长态势。**

在这种形势下，传统企业更要抓紧时间进行转型，因为其内部存在的诸多弊端阻碍了行业整体的发展，难以满足时代进步的要求。传统物流企业在传统体制的限制下，存在供需不平衡、规模较小、管理能力弱、竞争力不足、融资能力低、缺乏信息资源的支持、缺乏行业标准、运营效率低等问题。

有相当一部分企业对传统制度的改革并不彻底，未引进先进的技术，仍然采用传统的管理方式，缺乏完善的信息系统作为支撑，导致整体物流运作效率低下，企业存在的诸多弊端使其运营成本居高不下，也无法帮助客户节约货运投入。为了改变这种局面，企业必须进行转型。

◆ **传统物流企业转型过程中的关键**

上面分析了传统物流在运营中存在的种种弊端，以及导致企业出现这些问题的原因。现在就来探讨一下传统物流企业在转型时需要注重的几个方面。

（1）注重信息共享

通过沟通互动，实现信息共享。传统模式下的物流公司，不同部门、各个参与主体之间很难共享信息资源，因而，公司的业务运营缺乏有效的信息参考，存在很多不可控因素，甚至可能给企业带来巨大的经济损失，给企业的发展带来不利影响。

2014 年以来，包括云鸟配送、运满满、货车帮在内的互联网物流信息平台都获得了投资者的支持。这些平台的共同之处在于，通过移动应用软件将信息汇集到线上平台，方便货主与司机之间的交流。如果传统企业也通过平台化运营提高信息资源的利用率，就能加速整个企业的运转，避免盲目地开展业务，并通过这种方式突显企业的竞争优势。

（2）注重创新

创新包含很多层面，这里侧重于与技术相关的创新。例如，通过打造一个综合的物流信息服务平台，充分发挥网络平台的优势，实现资源的整合及优化配置，提高物流企业的整体盈利能力。

传统物流企业通过创新能够提高自身的智能化及信息化水平，促进企业运营与互联网的深度结合。如今，无论是同城货运平台"云鸟配送"，还是一站式运输服务平台 oTMS，都通过大数据分析技术及智能匹配技术的应用，在降低运输成本的同时，提高运输效率，提高服务质量。如果传统物流企业也能借鉴互联网企业应用领先技术，用于完善物流系统，就能打造出集信息获取、货物运输、资金运转为一体的生态体系。

从宏观角度分析，在今后几年的发展中，企业转型将成为传统物流行业的重点。如果能在这个阶段更加注重信息共享与技术创新，跟上时代发展的需要，传统物流行业就能走出低谷，迎来行业发展的新时期。

2.2.2　互联网物流运营模式与生态构建

◆ "互联网 + 物流"的主要运营模式

物流行业与互联网相结合的方式经过一段时间的发展，主要体现为以下几种运营模式，如图 2-6 所示。

（1）信息平台服务模式

此类模式是对出行领域的打车软件的借鉴，能够在货运需求方及手机之间进行高效的信息匹配。实践该模式的物流公司有运满满、罗计物流。

图 2-6 "互联网＋物流"的主要运营模式

以罗计物流为例，该公司开发出针对客户的应用程序"罗计找车"和针对司机的应用程序"罗计找货"。服务的提供者可登录"罗计找货"，查询当前等待配送的货源，并了解其所处的具体位置、货品种类、体积、配送时间等，与自己认为合适的货源提供者联系。

信息平台服务模式的优点体现为以下几点。

其一，能够有效解决传统模式下信息不对称的问题。依托网络平台的运营，实现车辆资源与货运需求之间的有效匹配，提高整个物流行业内部的信息透明度，攻克我国传统物流行业的瓶颈问题。

其二，能够加速物流行业的整体运转。在解决信息不对称问题的基础上，既能有效改变以往传统物流运营效率低的现象，又能降低返程途中的空载率，还能为服务的提供者带来更多的利润。

其三，可以在原有的基础上向生态化方向发展。物流行业本身拥有明显的服务属性，涵盖运输业、信息产业、货品代理等，无论对于人们的日常生活还是整个社会的经济发展，都具有不可替代的作用。其具体业务还涉及金融、保险等很多板块，建有独立平台的物流企业在生态发展方面更具优势。

（2）技术平台模式

此类模式针对企业，为其提供运输管理系统及系列相关服务。

如一站式运输服务平台 oTMS，为客户提供信息技术解决方案，利用现代化技术手段对传统物流运营模式进行升级，采用 SaaS 平台与移动应用程序相结合的方式，把物流运营过程中所有参与主体，包括货运需求方、承接方、专线物流企业、车主、终端客户等整合到一起，保证这些参与主体之间的信息交流顺畅。

在此类模式的实施过程中，一方面，用户流失率较低，对其管理系统的认可度较高，一般不会在中途放弃使用。另一方面，面向企业提供服务，不必担心货源问题。然而，要使用户完全习惯全新的业务操作方式，需要经历漫长的时期。而且，此类服务并不适合大型企业，其合作仅限于小规模公司。

（3）信息交易平台模式

此类模式是对信息平台服务模式的延伸，在货运需求方与服务提供方的对接完成后，双方需要就交易问题进行协商。因为整车交易的价格难以下降，加上信用方面的问题有待解决，目前该模式的实践主要体现在零担货运、同城货运及快件配送领域。

罗计物流推出的"运立方"APP，为货运需求方查询物流服务的价格提供了便利，为用户提供与物流服务相关的交易服务。

此类模式的应用能够推动货运线上业务的实施，避免在传统模式下因各类交易问题导致业务运营失败，解决了互联网物流的终端难点。

◆打造完整的物流生态系统

从长远发展的角度来说，互联网物流在后续发展过程中需要着重解决相关的信用问题，完成支付闭环，并在此基础上打造完整的生态体系。

（1）在行业内部设置信用评价机制

传统物流长期以来始终存在信用方面的问题，例如，物流公司跑路事件在多地发生，也会有司机私藏贵重货品。为了解决这些问题，在后续发展过程中，要着重构建行业内部的信用评价机制。与此同时，物流公司、服务平台和第三方评价机构需参考统一的信用数据，将同步数据上传到公共平台。

除此之外，包括车辆管理、身份信息管理、信用管理等相关政府部门也需要允许物流企业查询所需的信用信息，方便其通过大数据的应用及时掌握物流参与方的真实信用数据，加强监督与管理。

（2）构建完整的线上支付体系

在整个物流运输交易过程中，线上支付是必不可少的，但根据《非银行支付机构网络支付业务管理办法》的规格设定，每个客户在一天之内通过线上支付实现的交易金额需控制在 5000 元以下。这给大额度线上交易造成了阻力，需要在后续发展过程中采取有效的应对措施。

（3）促使互联网物流向生态化方向发展

物流行业涉及包括配送、存储、金融等方方面面的业务运营。在后续发展过程中，互联网物流需在运营过程中将所有业务内容串联起来，打造完整的生态体系，加强所有环节之间的连接，实现资源整合。

2.2.3 传统物流企业如何构建 O2O 体系

在移动互联网飞速发展的今天，越来越多的传统行业开始试水 O2O，这一趋势不仅是顺应时代的潮流，更是企业进一步发展的主导战略。在传统物流行业里，O2O 模式的应用就为行业带来了全新的思维方式。那么，这一模式的应用要怎么与现有的业务进行匹配呢？行业又该如何抓住这一机遇呢？

◆借力平台

所谓 O2O，就是线上与线下的相互融合，将线下交易放到互联网这一

平台上来。物流 O2O 也是如此，讲究的是线上与线下之间的互通与协同。大多数物流公司都在多年的发展过程中建立起了自己的物流资源平台，但是这些几乎都是在线下，很少或是没有线上平台。

尽管在 O2O 模式中线上平台可以说是不可或缺的，但能够实现的却寥寥无几。在此形势下，大部分物流公司做出了风险比较小的选择——借力。

如今，互联网各大巨头都有着各类线上平台，所以物流公司可以与阿里巴巴、腾讯、百度、新浪等平台达成合作协议，借他人之力实现自己的战略布局。

◆ 借势社群

在传统物流的发展过程中，关系是一个极为重要的支柱，甚至已经日渐成为各家企业的核心竞争力。而到了 O2O 模式火爆的新发展阶段，**关系对物流的影响就更为重要，并将向着更深、更广的方向延伸，最终形成社群。**

当前，炙手可热的粉丝经济以及各种关系使得物流企业的"关系"日益多元化。在此情形下，借势就成了一个行业内各家企业需要考虑的发展方略，通过社交平台、行业交流论坛等树立起自己的社群地位。这样一来，物流公司就能树立起自己的品牌形象，营造良好的社区口碑，获得迅猛的发展势头。

◆ 造势聚焦

物流行业应用 O2O 模式并不是对传统体系的一种抛弃，而是对行业发展状况准确把脉，抓住了线上线下的痛点，将原有的流程进行更适应时代的再造。既然如此，各企业在制定相关发展策略时必须给予聚焦造势足够的重视，一旦失去焦点就会出现事倍功半的效果。

顺丰物流在此方面的尝试就是一个较为成功的例子，其为了增加趣味性，在其 APP 上添加了"潮男指数"等功能，并通过社交自媒体平台进行造势。在这一过程中，他们精确地将趣味与适用视作焦点，取得了非常好的效果。从中我们可以得出一个结论，**能否把握住痛点、焦点，能否便捷、有效地满足客户需求是关键所在。**

◆ 互动体验

在移动互联网时代，物流行业出现了两个新的主题：**互动是其中的一个主题，指的是公司要通过多种渠道与发货人、收货人等进行沟通交流，随时把握其需求并及时为其提供解决问题的方案；体验是另一个主题，指的是对整个交互过程中各个环节的体验，包括处理订单、送货等。**

在 O2O 模式下，物流行业提供的服务已经不再局限于把握现场，而是扩展到了线上，为用户提供更为人性化的体验服务。在此行业的 O2O 发展战略中，实现线上线下一致是重中之重。如果脱离了体验去谈 O2O 的话，那就是没有根基的大厦；如果脱离了互动去融合线上线下，那就是无根的浮萍。注入了 O2O 这一新鲜血液的物流行业，是新时代里的一种互动体验力量。

◆ 打通两线

在传统的物流行业，信息的不通畅以及渠道的独立在很大程度上阻碍了行业的发展。到了移动互联网时代，O2O 模式的应用对信息有了更严苛的要求，无论是互联互通还是及时有效都必须得到保障。

在这样的要求下，物流行业就需要打通并链接线上与线下，真正实现 O2O 模式在本行业内的落地。其中，**最为关键的是打通商流、信息流、资金流、物流并实现无缝衔接。打通线上支付、交易，线下运输、存储等各环节的点，将是 O2O 模式能否与物流行业完美结合的关键所在。**当然，各企业也无需急躁，可以根据自身的实际情况选择逐步打通这"四流"。

◆ 打造特色

在新时代的市场经济中，"特色"成为大多数企业提升自身竞争力的有力武器，因为越是具有特色，就越能吸引消费者的关注。然而，"特色"二字说来容易，做起来却非常难。尽管如此，应用 O2O 模式的物流行业也必须迎难而上，因为寻求特色提升自身的竞争力是非常重要的战略方针。

例如，现在移动终端 APP 较为流行，许多公司都前赴后继地踏上了发展企业 APP 的道路。也正因如此，消费者面对的企业 APP 就如同过江之鲫，如果没有一定的特色，很难引起消费者的注意。

再如，诸多企业都有着自己的官方微博，如果自己的微博泯然众人，没有任何针对性，那么关注者必然不会多；此外二维码也是很多企业采用的一种方式，但大多千篇一律，若不能有所创新，消费者也很难兴起"扫一扫"的想法。总之，需要企业挖掘出自己的特色，打造出极具企业个性化色彩、满足客户需求的 O2O 模式。

◆ 构建支点

著名的"力学之父"阿基米德说过："给我一个支点，我就能撬起整个地球。"这句话虽然无法用事实来证明，但也充分地说明了支点的重要性。而在发展 O2O 模式的今天，寻找或构建一个准确的支点是一个很有必要的策略。

在当今较为火爆的行业里，一个支点改变了整个产业格局的例子并不新鲜。例如，微信、余额宝作为腾讯与阿里巴巴构建的支点，就分别改变了移动互联网行业与金融行业的格局。而物流行业呢？究竟哪一点是潜在的支点呢？

其实，不同的企业完全可以选择不同的支点，就看企业选择的发展战略了：公司的重心是线上还是线下，选择创新的点是在产品上还是在服务上，等等。其实，此行业内具有支点潜质的并不少，就看企业如何运作了。

◆ 取舍有度

我国的道家哲学认为"大道至简"。到了移动互联网时代，这个概念仍然适用，O2O 模式的探索之道更是如此。如今，二维码可谓遍地开花，但并不是都能起到作用；各类线上平台的功能可谓琳琅满目，但并不是全都有用；各类线下的服务可谓五花八门，但并不是全都符合消费者的需求。

无论是采用二维码这种形式还是制定线上功能、线下服务，都必须做到取舍有度，保留那些能够满足消费者需求的功能与服务，摒弃那些鸡肋般的应用，这样才能集中火力向前冲锋。

在物流行业发展 O2O 的道路上，有着线上线下融合需求不同的三种模式，分别是讲究社会化、社群化的 B2C，讲究安全、便捷的 B2B，讲究关系、有效的 B2G 等。企业必须根据自身的情况进行取舍，不可贪多，否则很容易出现杂而不精的状况。

◆ 多维匹配

物流行业在应用 O2O 模式时，面临的匹配是具有多维性特点的，绝不仅仅是市场与客户的匹配，还有着人才、企业掌权者的思维、运营流程、IT 系统等多方面的匹配。也就是说，其核心内容就在于匹配的多维性。

相关企业在制定发展战略时，必须确定要从哪里出发、针对哪些方面进行匹配。只有这一点得到确认，后续的执行工作才能顺畅。如果不能打好这个基础，就很容易出现崎岖坎坷，大事难成。

◆ 全渠道布局

无论是传统互联网还是移动互联网，入口都是一个关键的竞争点。而对于新时代的物流行业来说，入口的竞争同样关键。面对线上线下各式各样的入口，企业应该如何布局？在发展 O2O 模式的过程中，全面把握住客户接触点并控制住客户入口，就等于奠定了成功的基础。

尽管一直在说"全渠道"，但是全渠道的意思并不是说全部都是重点，真正的全渠道其实就是主次分明、先后有序，需要按步骤、有差异地进行布局，最后实现全渠道的掌握。

在马克思主义哲学看来，任何事物的发展都不会是一帆风顺的，前途虽然光明，但道路却很曲折。物流行业对 O2O 模式的试水也是如此。而在这曲折的探索之路上，战略决定了这条路究竟能够走多远。只要制定了正确的战略方针，就相当于成功了 1/3，至于剩下的那 2/3 的路就看各物流企业怎样在曲折中前进了。

2.2.4　传统仓储如何实现 "智慧化" 转型

2016 年的《中国语言生活状况报告（2016）》中，将 "互联网 +" 列入了 2015 年十大新词和十大流行语之中，而 2015 年也成为公认的 "互联网 +" 元年。从这一年开始，"互联网 +" 这一概念便开始了拥抱传统行业的行程，传统物流行业就是其中的一个。在这样的大环境下，传统物流企业纷纷将 "互联网 +" 纳入自己的发展战略之中，走上了转型之路。

◆传统仓储的压力

随着信息技术的不断更新与发展，电子商务自兴起以来便得到了飞速发展，同时也带动了快递、仓储行业的快速发展。

据了解，我国的快递业务伴随着电子商务的发展得到了迅猛的发展，更是在 2014 年以 140 亿件的成绩超越了美国，成为世界第一。2016 年 7 月 18 日，国家邮政局公布的《2016 年上半年邮政行业运行情况》显示，2016 年上半年全国快递服务企业业务收入达到了 1714.6 亿元，同比增长 43.4%；业务量达 132.5 亿件，同比增长 56.7%。

事实上，我国快递业在近年来的发展一直保持着 50% 以上的增速。

2016 年 1 月 6 日，在中国仓储指数发布会上，中国物流与采购联合会会长何黎明在讲话中指出，我国社会物流总额在 2015 年预计可达 220 万亿元，比五年前增长 70% 左右；这五年间年均可比增幅大约为 8.7%。

单从数据上看，快递业的发展增速喜人，前景可谓非常光明。然而，在这欣欣向荣的表面下依然存在着隐忧。在 "电商—物流" 这一产业链条上，位于最前方的快递业是直接与消费者打交道的，但是他们的派送工作却与后方的仓储有着极大的关系，只有运营流畅的仓储才能提供有力的支撑。现在的问题就是后方的仓储跟不上爆发的营业额，所以 "爆仓" 问题频频发生。

随着电商的蓬勃发展，作为物流重要环节的仓储所面临的压力也日渐增长。在如此形势之下，传统仓储进行转型升级迫在眉睫。在整个电子商务链条中，资金、信息都已经日趋完善，仓储物流若还不进行突破的话，就会成为一个绊脚石。

传统仓储所能发挥的作用实在是很有限的，基本上就像一个临时的中转站，是寄存商品的一个场所，只需通过叉车进行入出库就可以了。而与电商相配套的仓储则需要较高水平的库品管理。如今，电商已经成为商业领域中一股势不可当的力量，对物流的要求自然也不再简单，而是要求可以优化全供应链；即便达不到这个程度，最低也得做到仓配一体化。

在电商模式下，商品已不像传统的出库、入库那样简单了，所以，为了更好地为电商企业提供优质的服务，就必须将物流仓库以及各项配套设施建设得更加完善，进一步走向信息化、智能化。

◆ "三化"是大势所趋

如上文所说，传统仓储进行转型升级迫在眉睫。那么方向在哪里呢？互联网发展的新业态"互联网＋"为其指明了方向，即信息化、自动化和智能化。

"点对点"运输的传统仓储物流在如今多元化的生产经营活动中已经突显出疲态，无论是运输效率还是时间成本都明显落后于时代的发展。所以，在各传统行业争相拥抱"互联网＋"的时候，物流行业也注入了互联网这一新鲜血液，开始借助网络平台的力量进行配送关系的协调，实现自身的变革转型。

当传统行业与现代化技术碰撞在一起，爆发出来的能量是超乎想象的。尽管先进的信息通信技术会给传统物流行业带来巨大的冲击，但在逆境中求得生存的物流业却能够在抵抗住冲击的同时创造出新的生态。

如今，国家鼓励并支持全国各地的仓储单元积极应用全新的信息技术，例如，物联网感知技术、大数据技术以及智能化物流装备等。如此一来，仓储管理就可以实现网络化、信息化，货物、库存等信息能够得到随时跟踪与高度共享，货物调度的效率、运输、包装等各项作业的效率都能得到大幅度提高，就算遇到再复杂的订单也都能够迅速进行出货处理。

2014 年 11 月，自动化物流配送中心"华东一号"在上海投入运行。作为智能仓库的一个样本，"华东一号"极大地提升了仓储的自动化水平，其完备的软硬件系统能够最大限度地保证实时对接各大电商平台和物流运输企业，引进 SKU360 自动物流配送中心系统的处理订单能力不仅在国内行业中处于领先水平，就是在整个亚洲也毫不逊色。

此外，国内许多相关企业都已在探索仓储的信息化与智能化，并取得了一定的成绩。

◆ 智能物流前景广阔

据相关数据显示，物流总费用在我国 GDP 中所占的比例为 18%，而国外发达国家的比例则是 8%；我国的每辆卡车日均行 300 千米，比发达国家要少很多。就整体水平而言，国内的物流发展还远未达到发达国家的水平，仍然贴着"小、散、乱、差"的标签。在"十三五"期间，物流业将会紧抓发展机遇，放开胸怀拥抱"互联网＋"，努力实现转型升级，从传统物流过渡到现代物流。

事实上，智能物流在我国有着非常广阔的发展前景。新事物的发展一般都是分阶段的，智能物流也是如此。具体来说，"智能物流"有着以下 3 个发展阶段。

★第一阶段，实现物流体系的信息化、自动化与智能化，并不要求涵盖太大的范围，只求做到整个体系的最优化。

★第二阶段，改造生产与销售的流通，参与货主的供应链管理，为其提供采购、分销等服务。

★第三阶段，介入上游生产环节，充分利用供应链的信息入口，助力生产方实现"柔性生产"。

当然，智能物流并不会只停留在理论层面，实际上国内有许多企业已经开始了这方面的试水，如已经初见成效的福佑卡车项目。

这家成立于 2014 年 9 月的互联网物流公司，以互联网的理念与技术来武装自己，快速匹配货物运输，使行业内的生态效率得到了进一步提高。

有了互联网技术的参与，司机就不用再花费大量的时间来等货，也不会出现过多的空驶现象，能够为企业节省 20%～30% 的运货费用。目前，福佑卡车项目已经获得了 1 亿元的 B 轮融资，覆盖了全国 27 个城市，每天能有上千的订单成交。

当下，国内大多数的物流 O2O 线上平台的发展还没有形成一定的规模，就更谈不上垄断了；而线下平台则需要培育本行业内的服务标准，并努力将线下流量导入线上，把用户的习惯培养出来。因此，在如今激烈的市场竞争中，物流 O2O 闭环越是完备，就越有力量占据较多的市场份额。

2.3 资本战争：从物流企业融资看未来发展趋势

2.3.1 资本逐鹿：我国物流企业融资情况

随着我国经济发展水平的不断提高，物流产业以强劲的发展势头实现了迅速增长，具备强大品牌影响力的大型物流企业也相继涌现出来。

我国物流行业目前仍存在着较大的发展空间。2015 年，我国社会物流总额超过了 200 万亿元，预计到 2020 年这一数字将增长为 360 万亿元，发展前景十分广阔。近年来，创业者大量涌入物流领域，投融资集中爆发，成为全球物流市场中最活跃的区域之一。

当然，在世界经济持续低迷的背景下，各国进出口贸易大幅度缩水，我国的物流市场发展也面临着诸多困境，虽然市场规模整体处于增长状态，但增速大幅度下滑已经是不争的事实。但这并不影响物流产业成为投融资机构关注的焦点，进入 2016 年以来，物流企业融资接连发生，融资金额小的数百万元，大的达到上亿元甚至上百亿元。

据公开的数据显示，2016 年上半年国内的物流企业融资事件共有 42 个，总融资金额达到了 740 亿元以上。这在大量创业企业集体死亡、资本纷纷中途退出的时代背景下，无疑为物流产业的相关从业者提供了足够的信心。

从融资企业的类型来看，资本巨头对货运 O2O 企业更为青睐；快递企业的融资事件虽然屈指可数，但其融资金额却十分庞大。随着物流产业信息化建设进程的进一步加快，无论是"互联网 + 物流"模式，还是"物流 + 互联网"模式，都吸引了大量的企业进行尝试。

如果对 42 家进行了融资的物流企业进行细分，可以将它们归为快递、同城配送、货物运输及社区终端四个类型，其中货物运输企业的数量相对较多。据公布的数据显示，目前我国公路运输市场的规模约为 4 万亿元，显然，这些企业想在这一前景广阔的细分市场掘金。

快递行业的发展则在很大程度上得益于电商产业的迅猛发展。未来随着电商向四五线城市拓展及农村市场的渠道下沉，快递行业还将保持高速增长，预计到 2020 年快递业务量将突破 200 亿件。

针对如何深度挖掘物流市场的潜在价值，解决跨国配送、"最后一公里"配送等方面的问题，目前国内的创业者及企业正在积极尝试。未来，物流行业将会迎来以下几个重大发展机遇。

机遇一，在移动互联网的支撑下，物流行业信息不对等的局面将会被打破，信息资源的流通将更加顺畅。

机遇二，智慧物流将会成为未来的主流模式。 目前许多国内物流企业都在积极尝试搭建智慧物流体系，促进各个环节的自动化及智能化，减少人力资源的消耗。

机遇三，农村电商、跨境电商等新兴电商模式会进一步提升物流需求。以农村电商为例，目前阿里、京东等都在积极推广渠道下沉战略，前者提出了"千村万县"，后者提出了"3F 战略"（工业品进农村战略、农村金融战略和生鲜电商战略），再加上国家利好政策的不断出台，农村电商的发展形势一片大好，这必然会进一步带动物流需求的进一步增长。

机遇四，纯服务性质的第四方及第五方物流企业将会大量涌现。在其帮助下，物流技术及相关资源可以得到更高程度的整合，客户可以享受到更为专业、高效的物流服务解决方案。

2.3.2　资本围剿下，物流企业的发展策略

未来的物流产业在拥有众多发展机遇的同时，也存在着巨大的挑战。跨界而来的资本巨头及创业者的不断涌入必然会进一步加剧物流行业的竞争，传统物流行业虽然模式落后，但其中不乏一些能够对抗资本巨头的行业霸主，在传统物流与现代物流的激烈碰撞中我国的物流产业曲折前进。

◆**物流企业面临的主要发展困境**

具体来说，未来困扰物流企业发展的行业阻碍主要包括以下几个方面。

（1）**传统物流企业数量众多，对新技术、新模式的接受度较低，转型进程相对缓慢。**其普遍采用的粗放型运营方式，更是限制了转型进程。这对我国现代物流发展十分不利。

（2）**人才缺失问题。**物流从业者受教育程度普遍偏低，再加上我国物流产业起步较晚，那些真正能够将理论与实践相结合的复合型人才数量明显不足，这一问题在短时间内也很难解决。

（3）**物流企业缺乏创造力，难以通过对产品及服务进行创新来建立核心竞争力。**虽然部分规模较大的物流集团通过搭建研发团队，可以有效解决这一问题，但中小物流企业根本无力承担其耗费的成本，要知道在国内

的上万家物流企业中，中小物流企业占比超过了 80%。

（4）**在相关监管政策及行业标准方面同样存在着一定的问题。** 这主要表现在审批程序繁多、重复执法、行业标准不完善等方面，当然，随着简政放权的进一步深入及各地物流产业基地的建设完成，这些问题有望得到解决。

（5）**资本及创业者的涌入会导致物流产业的同质化竞争问题愈发严重。** 目前物流企业相互山寨已经成为一个普遍现象，客户面对着数量众多的物流服务商却很难找到能够满足自己需求的产品及服务。更为严重的是，这种同质化竞争很容易引发恶性价格战，让众多缺少资本支持的中小物流企业及初创企业出局，而仅凭这些少量的大型物流企业根本无法支撑中国物流市场的高效运转。

◆ **资本围剿下物流企业的生存之道**

据市场研究机构给出的数据显示，现阶段国内已经完成融资或者正处于融资阶段的物流平台有上千家，但由于缺乏核心竞争力，真正能够走到 C 轮甚至更高阶段的物流平台屈指可数。为了打破发展困境，很多物流平台运营方"慌不择路"，部分选择从干线物流转移至同城运输；部分运营方则为了凸显价格优势，进一步加大烧钱力度；还有部分运营方则卖身大型物流企业等。

事实上，**对于物流企业而言，能够源源不断地创造价值，才是企业能够不断发展壮大的关键所在，也是在国内经济长期面临巨大下行压力背景下能够得以生存的必然选择。** 具体来看，精准定位市场需求及完成自我造血无疑是物流企业创造价值的两个关键因素。

首先，没有获得资本市场认可的创业者需要进一步巩固企业根基。 从诸多投资案例来看，资本市场向来对那些有着清晰明确的产品及用户定位、运营策略及盈利前景的企业给予高度重视。以公路物流为例，显然仅凭一个单一的物流 O2O 平台就想发展成为一方巨头的想法无异于白日做梦。

在初创阶段，企业切不可盲目追求"大而全"，在实践中可以尝试从某一细分领域切入市场，针对部分个性化客户需求开发相应的产品及服务，积累足够的资源及品牌影响力后，再全面发力。从近两年的物流 O2O 平台创业公司来看，很多创业者为了获得资本市场认可，而过度追求用户流量及市场份额，却忽略了最基本也最关键的市场定位、发展战略、商业模式和团队建设等。

其次，正处于初创阶段的企业不应该急于追求融资，而是要提升自身的自我造血能力。虽然，投融资机构目前对于物流 O2O 平台项目相当保守，但仍有部分创业公司成功融资，这些创业公司虽然仍存在着诸多亟须解决的痛点，但他们无一例外地具备着较强的造血能力。在为用户创造价值的基础上实现盈利才是核心所在，空谈模式、概念只会让广大消费者及投资方认为企业的产品及服务华而不实。

对物流企业来说，面对着激烈的市场竞争，物流企业要做的首先是尽可能地生存下来，无论是如今的投资热潮，或者是未来可能会爆发的资本寒冬，物流企业需要的是拥有成熟的商业模式，为企业带来利润的盈利模式及具备强大向心力的核心管理团队。

此外，对于物流产业这种万亿级市场而言，足够支撑起多家行业巨头，当然仅有大型物流企业是不够的，完善的物流产业链及覆盖范围广的配送网络，决定了物流产业需要有诸多深耕细分市场的中小物流企业提供支撑。

因此，物流企业在进行良性竞争的同时，更应该积极进行合作，加快行业标准落地进程，在多方的共同努力下共同分享物流产业这块巨大蛋糕。

第 3 章

"物流 +"模式：
基于物流战略的跨界新玩法

3.1　物流＋电商：重塑电商企业的核心竞争力

3.1.1　物流电商：打造极致的配送体验

电商对中国经济的发展产生了强大的推力，在阿里巴巴、京东、唯品会等电商平台的不断努力下，我国电商产业已经逐渐走向成熟，并以前所未有的购物服务体验对以服装、商超为代表的传统零售行业产生了强烈冲击。

传统零售商们沿用多年的商业模式及思维方式正变得不再适用，其生存空间被大幅度压缩。以前，无法和消费者直接接触的生产商们迎来了重大的发展机遇，基于移动互联网构建的各种社交工具让商家与消费者可以低成本、高效率地进行实时交互。

互联网的快速渗透及应用软件技术持续突破，使电子商务中的商流、资金流及信息流取得突破性发展，但在物流方面，却长期未能取得明显突破，目前电商物流已经成为限制整个电子商务产业进一步发展的首要问题。

高度发达的物流能为电商产业的持续稳定发展提供强有力的支撑，它决定了一个国家的社会资源的流通及运转效率，也是衡量一个国家综合实

力的重要指标。在经过一轮轮的价格战后，国内电商市场格局已经趋于稳定，但这种局面却极有可能会被在物流端发力的电商创业公司或者跨界而来的物流服务商所打破。

当然，电商领域中的行业巨头们也意识到了电商物流对未来自身发展的重大战略意义。亚马逊在全球范围内通过建立多个物流中心积极打造全球配送网络，意欲使其产品在短时间内送到消费者手中；自建物流的京东目前正在三四线城市积极在物流端发力，想要将其在一二线城市中的强大配送服务拓展至正在迅速崛起的三四线城市；阿里巴巴的菜鸟物流目前正在全国范围内在物流领域积极开疆拓土，要让全国地区的消费者都能享受到 24 小时送货上门的极致电商购物服务。

国内电商产业的迅猛发展，也推动了顺丰、"四通一达"等快递服务商在短时间内迅速崛起，并对我们日常的生活及工作产生了重大变革，这些由浙江"桐庐帮"兄弟们创造出的快递事业仅用 10 多年的时间，就走过了一些发达国家需要上百年才能完成的成长历程。但在这些快递巨头开始谋求借壳上市、享受胜利成果的同时，各种与之相关的负面信息也在社交媒体平台中不断发酵。

据市场研究机构给出统计数据显示，在诸多消费者网购投诉事件中，与物流相关的投诉事件高达 70% 以上，相对比较集中的问题主要有包裹破损、快件丢失、时效差、服务态度恶劣等。物流服务体验差，已经成为影响电商用户网购服务体验的一大痛点。

这也使得一部分人简单地认为：我国快递行业相关企业的管理能力较弱，整个行业的标准化及信息化程度较低，难以与海外快递巨头 UPS 及 Fedex 相抗衡；我国的电商产业发展迅猛，但作为电商重要支持的快递行业却发展严重滞后，从而引发了一系列电商物流问题。

这种流于表面的观点，很难让人信服。事实上，对物流行业有所了解的相关从业者都明白，造成目前国内电商物流各种问题的核心因素并非是顺丰、"四通一达"等快递公司不努力，而是从传统"邮购"模式中发展而来的电商物流本身的模式存在一定的问题。

无论是当下，还是在未来，快递本身的特性决定了它不可能是破解电商物流困境的核心因素，要让电商物流问题得到有效解决，最为关键的不是在于快递公司，而是在于电商从业者。电商从业者对于物流、快递、供应链管理等方面有深层次的理解与认知，并最终创造出一套全新的电商物流解决方案，将会成为电商物流问题得到有效解决的有效途径。

和传统的商业模式所采用的多层分销模式相比，电商平台是商家与消费者实现无缝对接的商业模式，虽然在信息流及资金流方面更具优势，但在物流方面的劣势也十分明显。

在传统商业模式中，商品大规模地从一个仓储中心转运到另一个仓储中心，并在多个中间商中层层传导。在消费者购买产品之前，商品流通流程的很大一部分就已经完成。然而在电子商务模式中，商品却是按照单件的形式从卖家经过快递公司运输到消费者手中，在消费者购买后，商品流通才会开始。

两种模式所采用的物流配送逻辑存在着巨大的差异，传统商业模式是批量运输，从一个配送中心转移至另一个配送中心，用户在线下商店中购买自己满意的商品后，即可直接获得商品；而电商模式则是单件运输，从配送中心转移到个人，用户在电商平台购物后需要等待一段时间才能收到货物。从物流角度来看，单件运输不但成本要明显高于大批量运输，而且也很难控制配送服务质量。

此外即便是忽略掉单件运输所带来的高成本、耗时长问题，快递行业所采用的多个环节集散分拨的运作模式，也会使货物分拣及配送过程中的快件损坏、丢失等问题难以避免。而且这种问题，也不是快递公司对自身的配送流程进行有效监管就能解决的。因为很多时候最终由配送员送到消费者手中的货物出现的各种问题，并非是快递员造成的，整个包裹的配送过程需要经过多个环节，这些环节分别由不同的个体及组织负责，很难具体查明到底是哪个环节出现了问题。

关于电商物流存在的问题腾讯电商控股公司 CEO 吴宵光曾在一次公司内部会议上表示："物流体系说难也难，说简单也简单，其逻辑十分清晰明了，简单地讲就是如何将商品整合起来，如何对配送网络进行优化调整，如何降低成本，并提升用户服务体验。"

从物流角度上看，电商平台的商家造成了一定程度的物流资源浪费，例如，位于上海地区的淘宝商家从广州地区的电子产品生产商手中购进了一批电子产品，然后广州地区的消费者在这家淘宝商家中选中了一款满意的产品，接着商家便安排快递公司将包裹从上海运输到广东地区。

而未来的电商信息化要解决的就是尽量减少物流资源的浪费，将商品就近发送给附近的消费者。所以，从物流成本、服务体验的多个方面来考虑，最为合理的电商物流是**"卖家商品分布式存储 + 同城配送"**，这可以有效降低配送路程，并减少中间流通环节。

但考虑到电商覆盖的市场范围如此广泛，要想实现商品的分布式存储，快递公司能够做得相当有限，更为关键的是电商平台利用大数据分析、云计算技术等对用户需求进行分析，强化自身的供应链管理能力等。

3.1.2 京东 VS 阿里：电商巨头的物流布局

在传统的渠道分销模式中，渠道商的层层加价行为使得产品价格要高出成本价格数倍甚至十几倍。根据马克思提出的"流通环节不创造价值，只参与价值分配"理论，人们对渠道商也存在着一定的误解，因为它们在层层加价的同时，也扮演着物流配送服务者的角色，只不过其采用的物流配送方式效率较低，带来了严重的资源浪费。

这正像是曾经做过渠道商的刘强东提到的："商家经常炒来炒去，今天运送到一个地方，明天又会转到另一个地方，一件商品从生产商手中到达消费者，每件最少需要搬运 5 次。"

刘强东曾经将团购比作为"劫道者"，但如果从本质上来说，京东就是利用大批量进货的低成本，再以较高的价格卖给消费者，来赚取中间差价。

物流对于京东的重要性不言而喻，可以说正是京东在一二线城市中的针对自营产品的强大配送能力，使其能够在淘宝、天猫、亚马逊这种电商巨头统治下成功崛起。从长期来看，未来阿里想要构建的以"众包物流"为核心的电商物流服务解决方案将成为一种主流的发展趋势。

具体来看，这种电商物流服务解决方案主要有以下几个方面的特征。

（1）**分布式仓储**。商品由生产商生产出来后，将按照潜在消费者的分布区域配送至各个仓储中心，从而尽可能地降低物流资源的损耗。这些仓储中心可以是电商平台自己建立并负责运营，也可能是由第三方公司提供服务。

（2）**建立在"众包物流"基础上的云仓储服务将爆发出强大的能量。**多家物流公司将在多个城市的诸多仓储中心为客户提供适用不同产品的多种类型的仓储服务。每一个仓储中心将会被划分为多个逻辑子库，从而为不同的客户提供"就近仓储＋同城配送"低成本、高效率的物流服务。

（3）**企业可以根据自身的需求在淘宝、天猫、京东等多个电商平台中同时开设多个网店，从而为各个平台的各类消费者提供配送服务。**由于在云仓储方面，企业拥有充分自主权，并以相对较低的人力及物力成本，根据用户数据分析来对商品在不同仓储中心的数量进行优化调整，最终搭建出一个实体与虚拟兼具的综合型仓储配送网络。

（4）**自动订单调度技术将为商家跨平台运营提供有力支撑。**在这种技术的帮助下，商家可以将来自于所有平台中的订单，及时高效地将商品配送到距离消费者最近的仓储中心。物流公司中的工作人员也可以同时帮助商家处理来自不同电商平台中的订单，及时、高效地完成发货。此外，整个订单处理过程及物流配送实现透明化、数据化，电商企业能够随时随地对该过程进行监管，一旦发生异常情况可以及时进行干预。

（5）**智能化供应链体系的构建与库存控制技术的运用，能够使企业能够对市场变化及消费需求做出及时调整，使其可以在不用承担较高人力成本及时间成本的基础上，解决仓储中心过于分散、产品品类过多所带来的**

管理难题。这将使商品供给与用户需求保持高度匹配，有效解决库存积压问题，有效提升用户购物服务体验。

马云曾表示："中国智能物流网不仅是电子商务的基础，而且还是未来整个社会商业的基础。"这种基于"众包物流"的电商物流服务解决方案，不但是阿里未来努力实现的目标，也应该成为我国整个电商物流行业努力的方向。

而使其成功落地的关键将是运用移动互联网、大数据、云计算、物联网、智能化及自动化等高科技技术，打造出一个自由、开放、平等的综合型信息化公共应用平台，并由此营造出一个合作、共享、共赢的良性商业氛围。

3.1.3 【案例】揭秘菜鸟平台的智能物流体系

电商企业选择布局物流产业的最根本因素，是为了能够通过完善的物流配送服务为广大消费者创造良好的购物服务体验，从而进一步提升平台的交易额，阿里在物流领域核心布局的菜鸟物流当然也不例外，如图 3-1 所示。

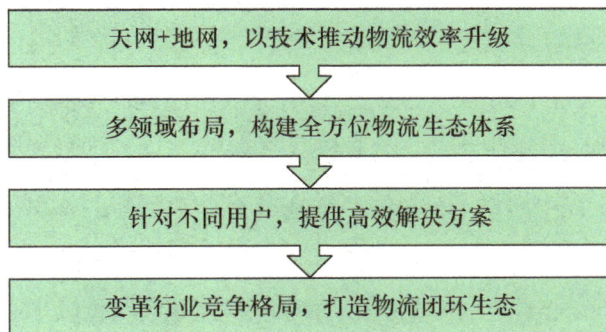

图 3-1　菜鸟平台的智能物流策略

◆天网 + 地网，以技术推动物流效率升级

阿里旗下的淘宝、天猫虽然拥有着亿级用户流量，而且成交额也稳步增长，但在物流服务领域面对着高居不下的快递投诉率，作为平台方的阿里则显得有心无力。再加上京东自建的物流快速崛起，以及拥有全球配

送体系的亚马逊大力拓展中国市场，更是进一步坚定了阿里要布局物流的决心。

深知自建物流所要耗费巨额成本的阿里，并没有选择自建物流，而是要打造出一个开放的大型综合物流体系——"菜鸟网络"。菜鸟网络通过整合了淘宝、天猫的海量交易及物流信息的数据网络"天网"、整合了全国多个配送中心资源的"地网"，更加高效、精准地配置物流资源，全面提升物流配送效率，降低物流配送成本。

2016 年 3 月 28 日，菜鸟网络和诸多国内快递公司及物流企业共同宣布成立"菜鸟联盟"。自菜鸟联盟成立至今，已经推出了当日达、次日达、预约配送等优质的产品及服务，在让旗下的淘宝、天猫等电商平台的物流服务体验得到进一步优化的同时，更有效提升了自身在物流领域的话语权。

目前，菜鸟联盟正在积极推动物流行业的服务分层，通过大数据、云计算、物联网、移动互联网等高科技技术提升物流企业的配送服务能力，并在电商平台上对这些能够提供优质配送服务体验的物流企业予以重点推广。

◆ 多领域布局，构建全方位物流生态体系

首先，阿里在引入银泰集团及复星国际作为投资方来共担风险的同时，更通过这两家合作伙伴在全国各地购入大量物流地产。据媒体公布的数据显示，目前菜鸟网络已经在全国范围内拥有了共计超过 1300 万平方米物流用地。

其次，与在全国范围内拥有优质线下门店资源及仓储中心的苏宁云商进行战略合作。2015 年 8 月，阿里宣布投资约 280 亿元人民币参与苏宁云商的非公开发行股份，而后者则表示将投入 140 亿元认购不超过 2780 万股的阿里新发行的股份。作为一家从传统零售转型而来的苏宁云商，截至 2016 年 6 月底，其在国内拥有 1588 家线下门店及 450 万平方米仓储网络。

最后，由阿里已经入股的专业智能仓配一体化解决方案提供商——"心怡科技"负责天猫超市的核心仓储管理服务。

除了这三点外，阿里还投资了包括日日顺、全峰快递、百世汇通、圆通快递、高德地图、卡行天下和新加坡邮政等诸多海内外物流领域的优质企业。

◆**针对不同用户，提供高效解决方案**

除了提供以大数据为支撑的传统快递服务外，菜鸟网络还可以为广大电商平台入驻商家提供仓储配送网络服务、跨境网络服务，能够为物流公司提供物流云服务及大数据分析服务。此外，为了配合淘宝、天猫的渠道下沉战略，菜鸟网络还推出了专门面向农村卖家及消费者的农村物流。而菜鸟驿站的上线则为解决"最后一公里"配送问题提供了有效的解决方案。

（1）仓配网络服务：商家产品统一入仓，节省大量成本

毋庸置疑的是，仓储配送网络服务乃是菜鸟网络的核心业务，也是阿里与京东等自建物流的电商平台进行竞争的重要手段，是菜鸟网络核心竞争力的重要组成部分。

目前，与菜鸟网络合作的广大卖家可以使用菜鸟提供的仓储中心，而且收到卖家的订单后，也由菜鸟代为发货。当然，自备仓储设施的卖家可以使用自己的仓库，菜鸟只负责物流配送。无论是出于盈利目的，还是为了增强自身在产业链中的话语权，显然菜鸟都是想要全面接管卖家的商品仓储、发货、配送等一系列仓储配送网络服务，但由于目前菜鸟网络仍处于初级发展阶段，需要通过多种模式并行以吸引更多的商家，并提升品牌的影响力。

（2）快递平台服务：整合分散资源，提升标准化程度

菜鸟网络对与之合作的物流公司及仓储公司的离散资源进行高度整合，从而为广大消费者及卖家提供更为标准化、规范化的物流服务。

（3）菜鸟驿站："最后一公里配送服务"方案解决者

菜鸟驿站被视作为菜鸟网络与物流公司推出的自提柜进行有效竞争的重要底牌，经过几年的发展，截至 2016 年 11 月，菜鸟驿站已经在全国范围内拥有超过 4 万多个线下网点。

◆变革行业竞争格局，打造物流闭环生态

从菜鸟网络的长期战略目标来看，它想要的是有效推动国内电商物流产业发展水平的进一步提升，让广大快递物流企业为消费者提供更为优质的购物服务体验。作为一个开放性的综合平台，菜鸟网络并非想要抢快递企业的饭碗，但这会让快递领域的竞争格局发生重大变化。

一方面，加入菜鸟网络的几家快递公司会拥有相对稳定的市场份额，几乎不可能出现垄断性的物流公司；另一方面，未加入菜鸟网络的快递公司在电商物流市场竞争中将会被边缘化。此外，菜鸟以下三个方面的动作也将会对快递公司的发展产生重大影响。

首先，通过自身拥有的遍布全国的仓储配送网络以及海量交易与物流数据打造的数据库，将会使物流配送服务更趋标准化，使卖家及物流公司能够针对不同消费群体的个性化需求提供差异化服务，如菜鸟网络目前已经上线的当日达、次日达及预约配送等。

其次，打造标准化的物流配送服务，建立以大数据、云计算、物联网等高科技技术为支撑的分布式仓配体系"仓配网"。在物流配送方面，阿里没有选择高成本的自建方式，而是和第三方物流服务公司进行合作。通过建立仓配网，菜鸟取代卖家直接与快递公司进行对接，在减轻广大卖家业务量的同时，也提升了自身在产业链中的话语权。

最后，成立菜鸟驿站，为解决饱受用户诟病的"最后一公里"配送问题提供有效解决方案。

未来，如果菜鸟的战略目标能够成为现实，快递公司在产业链中的地位将会被明显削弱，甚至成为阿里打造闭环生态系统中的一个组成部分。所以，那些想要打造自己主导的仓储配送网络的快递公司很可能将会与菜鸟网络正面碰撞。

现阶段，菜鸟网络想要仅靠高科技技术与物流配送中心来支配商品流动是不现实的，从本质上看，物流产业是一个投资回报周期较长的重资产驱动型领域，即使 BAT 三巨头联手，也不能垄断国内的物流产业，更不仅是一个阿里。

对快递公司而言，**一方面，要积极与菜鸟网络进行合作，与更多的合作伙伴共同将市场蛋糕做大；另一方面，快递公司不要完全依赖于电商物流业务，要逐步提升非电商件的比重，拓展产业链的深度及广度，向更为广阔的农村配送、国际配送等领域进军**，这样才不至于在与参与市场竞争的过程中处于劣势地位。

3.2 物流＋地产：跨界时代，掘金两万亿市场蓝海

3.2.1 国内外物流地产行业的发展现状

2015 年，万科、平安不动产、绿地、万通、合生等多家国内房地产企业纷纷宣布把业务布局拓展到物流地产领域。这表明，以往由外资企业主导的物流地产行业将在资本大潮的推动下逐渐从蓝海转变为"百家争鸣"的红海市场，吸引越来越多的参与者。

随着国内房地产市场从增量阶段进入存量时代，众多房地产企业开始从以往侧重业务规模的快速扩张转向稳扎稳打的深耕业务布局，拓展变现渠道，深挖更多价值。显然，具有稳定收益的物流地产与当前房地产企业的战略转向十分契合，再加上电商的优化成熟所带来的诸多便利，从而使得物流地产成为各家房地产企业跑马圈地和新一轮角力的重要领域。

根据亚洲最大的现代物流设施提供商普洛斯公司的预测，未来 15 年内我国的物流仓储面积将达到 24 亿平方米，现代化物流设施的市场规模将突破 2.5 万亿美元。不过，虽然我国物流地产行业前景广阔，但国内房地产企业要想真正打破外资的垄断地位，在物流地产领域有所作为，就不仅需要资金支持和经验积累，更需要从认知与思维模式层面进行深度转变，如此才有可能与国外发展成熟的物流地产企业一较高下。

◆国内的物流地产发展现状

我国地产物流行业基本被普洛斯这一国际物流龙头企业所垄断，众多国内企业很难有所作为。不过，自2015年万科、平安、菜鸟物流、京东等专业房产或电商平台进军物流地产以来，这个万亿级规模的蓝海市场便开始进入高速发展阶段，如图3-2所示。

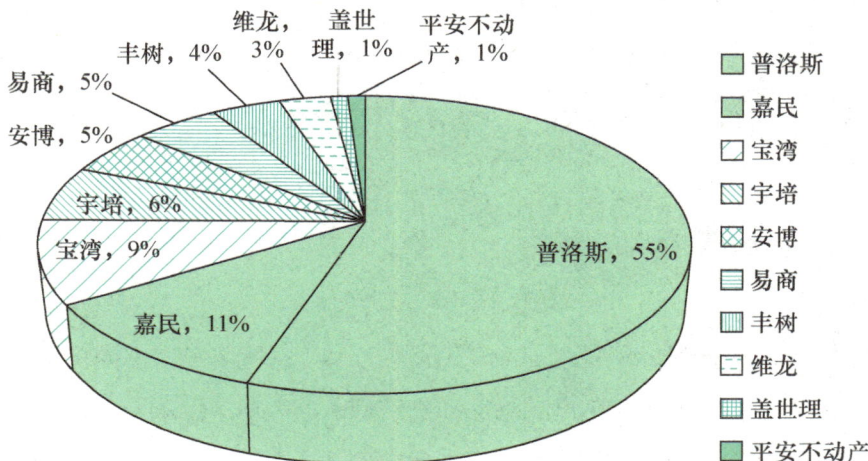

图3-2　2015年末主要物流地产商在中国所占的市场份额

以国内房地产龙头万科为例。更专业的投资团队、覆盖范围更广的业务布局以及规模化的地产协同优势，使万科平台更加开放，对物流地产的开发运营能力也更强更专业。

具体来看，万科不仅与全球最大的独立另类资产管理机构美国黑石公司合作，对万科物流领域进行更加专业化的资产管理运作；还联合世界领先的房地产业开发运营与基金管理公司铁狮门，有效整合国内地产物流的上下游资源。

同时，万科在管理方面充分借鉴国际现代化物流巨头普洛斯的成功经验，在拿地建房的基础上，借助自身品牌优势在上游引入基金、下游稳定商户，从而将自身打造成以物流地产为核心的优质服务商。

数据显示，2016 年 1—5 月，万科新增了 7 个物流地产项目，物流地产建面的增长幅度更是超过了 2015 年全年总规模，达到 52.8 万平方米，在国内众多房企中遥遥领先。

不过，我国物流地产的发展水平与欧美发达国家相比还有较大差距。例如，美国人均拥有的仓储面积超过 5 平方米，而我国这一数据仅为 0.4 平方米，不足美国的 1/10。在消费升级、电商快速发展的大背景下，国内物流地产行业将获得更广阔的发展空间，**关键是要推动物流地产商在开发思维、运营模式等方面的转型升级，构建出更合理、高效、适宜的发展路径。**

◆国外的物流地产发展现状

以欧美等国为代表的海外物流地产从 20 世纪 80 年代左右开始发展以来，已经形成了较为成熟完善的物流网络和发展模式，当前主要呈现出以下特点。

（1）需求旺盛，用地集中

国外物流地产虽然已经发展了三十多年，但仍然处于需求旺盛的上升阶段，物流用地规模不断扩大，同时很多物流地产企业也不断探索更广阔的空间以实现业务重组。这使得海外物流地产整体呈现出用地需求旺盛且较为集中的特点，如德国的大部分物流用地都聚集在慕尼黑、法兰克福、柏林等地。

（2）受经济影响较大

物流产业发展与整体经济状况密切相关。工业化程度较高、地理位置优越的经济发达国家能够更好更充分地参与物流产业，因为他们大都将传统制造产业转移到了劳动力和资源成本更低的发展中国家，因此需要更多的仓储用地和更高效的物流配送系统来完成制造业产品的运送存储。

（3）规模和网络较为完善

经过多年的发展探索，国外物流地产企业在发展理念、产品设计等方面已十分成熟，通过在全球范围内建设仓储设备和物流配送网络，形成了规模庞大、网络覆盖范围全面的物流地产生态系统。

以普洛斯为例，这家 2003 年才进军中国市场的现代物流公司，凭借极具前瞻性的发展理念和产品设计方案，成功垄断了我国物流地产市场，到 2015 年末占据的市场份额高达 55%。

3.2.2 "物流＋地产"的四大运营模式

物流地产是指由投资商投资开发的物流仓库、配送中心、分拨中心等物流设施，属于工业地产范畴。 其中，投资商并不局限于房地产企业，也可能是物流企业或专业投资商。

物流地产是物流活动的载体，在提高物流运营效率、减少物流成本方面具有重要意义，包括物流园区、物流仓库、配送中心、分拨中心等不动产载体。与以往的物流地产相比，现代物流地产在运营管理的现代化、规模化、协同性等方面有着更高要求。

基于不同的投资和管理主体，可分为四大物流地产运营模式，如图 3-3 所示。

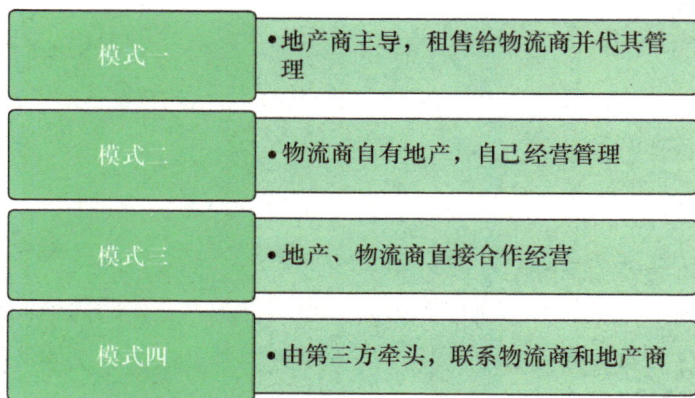

模式一	• 地产商主导，租售给物流商并代其管理
模式二	• 物流商自有地产，自己经营管理
模式三	• 地产、物流商直接合作经营
模式四	• 由第三方牵头，联系物流商和地产商

图 3-3 "物流＋地产"的四大运营模式

◆ **地产商主导，租售给物流商并代其管理**

即地产商作为投资开发的主体，选址建造好相关的物流设施后，再租售给物流企业。其中，房地产开发商负责物流地产的投资开发和物业管理，日常的物流业务则由物流企业独立自主运作。

这一模式有利于物流企业客户更好地**进行资金管理并降低成本，免去了物流企业亲自开发运营物流地产的麻烦，从而可以集中最大的资源精力运作物流业务，提升企业核心竞争力**；不过，相关物流设施的租金成本可能超出了多数规模较小的物流企业的可承受范围。

该模式以全球物流地产巨头普洛斯为代表。具体来看，普洛斯在世界范围内开发建设物流仓储设施，然后将这些优质高效的物流设施转租给客户，并提供相应的物业管理服务，但不会参与客户日常的物流业务运营，其创收方式是物流设施出租和物业管理。因此，虽然普洛斯在全球物流行业中有着举足轻重的地位，但它本质上却并非物流企业，而是地产开发商和物流基础设施提供商与服务商。

普洛斯借助包括策划、构建与设施管理等内容的运营模式，在全球范围内打造出一个涵盖仓储设施整个流程的强大物流配送服务网络。普洛斯的客户群体遍及物流业、制造业和零售业三大领域，UPS、DHL、联邦快递、马士基、通用汽车、大众汽车、卡特彼勒、雀巢、柯达、施乐、沃尔玛、欧尚等众多知名跨国公司都租用了普洛斯覆盖广泛、优质高效的仓储设施。

作为全球领先的现代物流基础设施提供商，普洛斯提供的服务内容主要包括以下四种。

第一种，物流园区和标准物流设施开发：以前瞻性的眼光选定最佳物流配送地点后，普洛斯便会按照合同条款内容投资开发在规模、等级方面符合客户要求的通用仓储物流中心，从而满足客户对物流配送基础设施的便捷性和高性价比诉求。

第二种，定制开发仓储设施：普洛斯还可以根据客户的定制化需求，在合适的地点为客户建设和管理专用的物流设施。

第三种，收购与回租：普洛斯会为那些想要出售自身物流配送设施的客户提供收购服务，以帮助它们精简资产、增加财务、提高资本利用率，从而更好地运作核心业务、提升核心竞争力；普洛斯则借此获得大量物流设施，并通过将收购的物流设施回租给更多客户的方式实现创收。

第四种，咨询服务：凭借专业的管理运营团队和长期积累的丰富经验，普洛斯还能够为客户提供咨询服务，帮助他们设计或优化完善供应链管理流程。

◆物流商自有地产，自己经营管理

即物流企业自己投资开发并经营管理相关的物流设施。这种模式节省了租赁相关设施的费用，且自建自营也避免了企业在物流设施方面受制于人，同时在物业折旧费用方面也能享受到税收优惠。

不过，与普洛斯这类专业的物流设施开发运营商相比，物流企业的专业化程度、管理水平都较低，同时自建自营的成本也较高，会占用大量资金，从而在一定程度上影响物流企业核心业务的发展。

当前我国大多数物流企业都是采用这种自建自营物流地产的模式，以上海百联集团、大商集团等为代表。例如，上海百联集团围绕核心业务商业地产和物流，构建了"集团总部—事业部—经营公司"的三级管理运营架构，并在这一模式基础上成立了包括房产置业、物流等在内的八大事业部和四大中心，从而增强了集团对核心业务的管理控制能力，但同时也大幅增加了管理运营成本。

◆地产、物流商直接合作经营

即地产商与物流商通过协议、合同或直接成立项目公司的方式共同投资、开发和运营物流地产业务，实现优势互补，并在项目建成后根据约定分享收益、共担风险。

这种合作经营的模式既拥有地产商在土地获取和设施建设等方面的优势，也能够发挥出物流企业在物流设计与运营方面的特长，从而实现共赢；不足之处是前期合作双方不容易形成高度信任关系，面临信用风险，后期在利益分配、风险承担等方面也容易出现矛盾。

◆**由第三方牵头，联系物流商和地产商**

即由独立的第三方中介组织将物流商与地产商联系起来，负责双方资源的优化整合与资格、实力等方面的审核，从而实现优势互补、强强联合。项目建成后，同样由第三方负责招募管理企业，对企业收益进行审查，并根据协议将收益分配给物流商和地产商。

这种模式通过独立第三方的信任背书和有效审查，最大限度地降低了物流商与地产商的信用风险，也有利于避免后期合作双方在项目运营、利益分配和风险承担等方面出现矛盾；不过，这一模式对第三方中介组织要求较高，需要以成熟完善的中介市场和社会信用系统为支撑，以保证第三方拥有很高的信誉度。

大致来看，这种物流地产运营模式的第三方包括两种。

（1）**政府**：即政府作为第三方中介，借助自身的资源优势牵线物流商与地产商，负责合作双方实力、资信等级等方面的审查，并监管项目后期运营，以保证物流地产项目的良性有序发展。不过，这种模式下政府管理过强、介入过深，压制了市场自身的功能发挥，不利于良性竞争环境的形成，也增加了政府承担的责任与风险。

（2）**第三方中介组织**：这类组织借助自身强大的技术优势对物流商和地产商的技术能力、资信状况和资金实力等进行评判审核，并通过独立审计等方式对项目完成后的运营管理进行监督。显然，这一模式对第三方中介的组织结构、技术能力和行业自律性等方面要求较高。

3.2.3 "物流 + 地产"模式的发展趋势

当前我国物流地产行业的发展主要呈现出以下趋势。

◆**地产商成为物流地产开发的主体力量**

随着越来越多的房地产企业介入物流地产领域，地产商将成为物流地产开发运营的主体力量。

以国际物流服务巨头普洛斯为例，其在全球开发管理的资产超过 120 亿美元，提供的物流出租总面积超过 2300 万平方米。普洛斯自 2003 年进入中国市场以来，便凭借先进的技术和前瞻性的战略思维实现了业务规模的快速增长，到 2015 年年底已垄断了物流地产市场份额的 55%。

例如，普洛斯初入中国市场时便在上海合作开发了上海西北物流园区；通过对苏州物流园区的二次开发升级，普洛斯根据客户的个性化、定制化需求提供普通仓储、保税仓储、出口监管仓储等服务；2005 年，普洛斯又与深圳盐田港集团达成战略合作，共同投资 10 亿元将盐田港区后方陆域打造成国际物流园区。

随着我国房地产行业步入存量时代，万科、绿地、和记黄埔、珠江投资、富力地产等诸多国内地产商近两年也对投资多、租金高、回报稳定的物流地产领域青睐有加。例如，长江实业与广州国际玩具中心有限公司合作投资运营的广州国际玩具礼品城，就坐落于广州市黄埔国际物流园区，建筑面积为 50 万平方米，投资总额高达 15 亿元。

再例如，广州富力将物流地产作为战略布局的重点方向，于 2014 年 10 月在广州花都拿下了 130 多公顷的土地用于物流园区的开发运营。该园区位于机场高速路出口，有利于借助航空渠道更好地打造仓储物流模式，同时还规划有住宅与酒店。

◆ 投资银行成为物流地产投资的重要参与者

商业地产的投资回报率一般在 8% 左右，而物流地产能达到 10% 左右，且更加稳定；再加上我国物流地产市场规模巨大、发展前景广阔，使得麦格里、AMB、腾飞等一些海外投资银行将投资目标放在了我国物流地产领域。

以新加坡的丰树物流房地产投资基金为例，其在本土新加坡拥有的物业面积约为 179 万平方米，覆盖了商业、住宅、办公、工业等多个领域；

同时，该基金还通过多种方式将业务范围拓展到了美国旧金山、马来西亚和中国。如 2005 年 12 月，丰树物流斥资 1.2 亿元人民币收购了位于上海浦东空港的欧罗物流园区项目。

◆地产企业与物流商成为重要合作伙伴

当前我国物流地产开发运营的主体是房地产企业，他们雄厚的资金实力和丰富的地产开发经验能够满足物流地产开发在资金、经验等方面的要求。不过，在后期运营中，由于地产商并不熟悉物流业务，因此很容易导致商业地产过剩和项目闲置的状况。

最佳的解决方案是与物流商进行战略合作，发挥物流商在项目选址、物流园区规划等方面优势，从而通过双方的优势互补实现物流地产的良性、高效运行。

◆政府加强对物流地产的宏观规划和政策指导

我国物流地产仍处于起步发展阶段，地方政府在物流地产土地供给、项目规划审批等方面尚未建立起有效的调控机制。因此，随着国内物流地产的快速发展，政府也将通过多种措施加强对物流地产的宏观规划和政策指导，以推动物流地产行业有序、健康发展。

3.2.4　如何推动我国物流地产行业发展

从 2015 年国内物流市场的整体发展来看，随着越来越多的企业参与进来，物流地产市场竞争日益激烈：一线城市土地供应方面的不足进一步加剧了物流项目供不应求的状况；二三线城市逐渐成为资本市场投资运作的新选择，但也面临着逐渐增加的租金下行压力和项目空置风险。

具体来看，我国物流地产行业需要从以下几点着重发力，满足市场快速发展的需求，应对新竞争形势的挑战，如图 3-4 所示。

◆政府层面：合理把控土地出让环节

由于以往国内物流地产发展不规范，不能为政府创造税收、租金也很低，很多地方政府在发展物流地产方面并没有多少积极性。因此，当前国内物流地产行业首先需要打通政府门槛，密切与政府部门联系，让政府真正意识到物流地产对区域整体经济发展的巨大促动价值，以激发政府发展物流地产行业的热情，愿意调配更多土地、出台更多政策推动、扶持物流地产行业的发展。

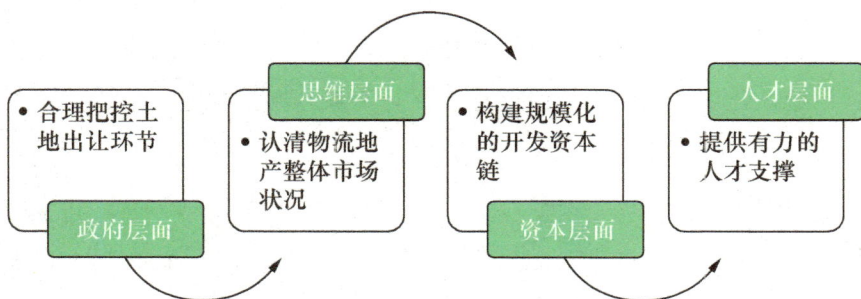

图 3-4　推动我国物流地产行业发展的对策

土地供应方面的日益紧缩是当前国内所有物流地产企业都无法绕开的发展瓶颈。与商业地产不同，物流地产企业的配送需求较为稳定，比较适用于集中化、规模化的开发运营，而这显然需要更多的土地供应。然而，当前不仅是一线城市，甚至在一些二三线城市，工业仓储用地都已一地难求。

因此，地方政府要合理把控土地出让环节，以推动物流地产行业有序健康发展；在物流地产项目审批方面进行合理规划指导，如精简有利于城市整体规划和区域经济发展的物流地产项目审批流程；及时采取适当措施解决物流地产发展中的可能问题，对行业发展速度和规模进行合理调控，避免发展过热或发展不足的状况。

◆ **思维层面：认清物流地产整体市场状况**

相比欧美等国较为成熟的物流生态网络，我国物流地产开发缺乏整体统筹规划布局，呈点状零散分布状态，远未形成规模化的物流地产网络；同时，投资管理方式缺乏稳定性、连续性和协同性，导致不同物流地产企业的行业布局侧重点差别较大，影响了物流地产的整体开发运营。

房地产企业要避免盲目介入，在充分全面衡量物流地产市场风险的基础上，结合自身情况合理开发布局。随着我国房地产行业进入存量时代，具有稳定收益的物流地产逐渐成为房地产开发商业务布局的重点领域。如在广州地区，合生创展、富力、恒大、美林基业及珠江投资等众多房产巨头就对物流地产领域表现出了极大兴趣，积极"跑马圈地"进行业务布局。

然而，多数房地产开发商对物流地产发展过于乐观，对潜在的市场风险认识不足，不合理的盲目介入显然不利于我国物流地产行业有序、合理、健康发展。

物流企业要避免"随大流""一哄而上"，突破思维束缚，根据自身实力和战略目标选择最佳的地产物流开发运营模式。例如，大型物流企业可以采用"普洛斯"模式或者与地产商合作开发模式，有利于降低市场运作风险、提高资金利用效率；而中小型的物流公司比较适用自建自营模式。

因此，**国内物流地产的高效长远发展需要开发运营商打破思维困境，通过深度调研与分析实现需求市场的精准定位和细分，对物流地产整体市场状况具有清晰明确的认知，并通过物流地产、物流市场、物流运作等不同方面的有机结合与协同，改变孤立发展、点状分布的状况，打造规模化、协同性的物流地产网络生态。**

◆ **资本层面：构建规模化的开发资本链**

与房地产行业的其他领域相比，物流地产虽然风险较低，但收益也比较稳定，缺乏价值想象空间，难以获得其他领域争夺资本市场的关注。因此，借鉴欧美等国成功的物流地产资本运作模式，通过专业的资本化运作拓展产品变现渠道和想象空间，便成为各大物流地产企业打破国外企业市场垄断地位的利器。

同时，对资本的灵活高效运作也能够使企业获得更充裕的资金，从而为业务开发运营提供坚实的资金支持和财务保障，并通过构建规模化的开发资本链，创造更大的价值。

国内物流地产行业虽然处于起步发展阶段，但市场规模和价值想象空间十分诱人，正吸引着越来越多的企业和资本参与进来。面对这个万亿级规模的蓝海市场，国内地产企业要突破固有思维的束缚，多角度协同发力和整体布局，打造覆盖全面的物流生态网络，以建立核心竞争力，打破海外企业的垄断格局，实现自身的快速长远发展。

◆人才层面：提供有力的人才支撑

通过引入国际优秀中介组织、扶持国内中介组织、建立竞争机制等多种手段加快第三方中介行业的发展完善，提升行业整体的技术能力和自律水平，建立、完善的个人信用体系。

同时，物流企业要在人才培养和理论研究方面多下功夫。改变当前国内物流地产侧重实践探索、忽视系统性的理论研究和专业人才培养的状况，积极借鉴国外先进技术模式，加强物流地产相关理论研究，大力培育擅长物流和地产业务的高级人才，从而为我国物流地产行业发展提供有效的理论指导和有力的人才支撑。

3.3 物流＋供应链金融：构建"三流合一"新体系

3.3.1 供应链金融给物流企业带来的价值

供应链金融是指银行以核心企业为中心，通过有效管理上下游企业的资金流、物流等内容，实现对各类信息的多维获取整合，从而通过更加灵活的金融产品和服务将单个企业不可控的风险转变为供应链中企业整体的可控风险。

供应链金融的融资模式通过资金这一融合剂，增强了供应链上下游企业的流动性与有机联结，更加适应互联网商业市场从企业与企业间"单打独斗"的竞争模式向整体供应链的"团队竞争"模式的转变。

对物流产业而言，供应链金融服务模式是对以往物流金融模式的拓展和深化。物流金融是指在物流业务运营中，银行和物流企业通过对动产、不动产和权利质押等多种方式，有效组织和调剂物流产业链中的货币资金运动，从而为有资金需求的企业提供融资服务。

供应链金融则大大拓展了金融服务范围和目标，涵盖原材料、供应商、生产商、分销商直至消费者的产品价值全流程，是基于物流供应链为上下游所有企业提供金融支持和问题解决方案，能够更有效地解决国内物流企业，特别是众多中小物流企业的融资难题，这两种金融模式如图 3-5 所示。

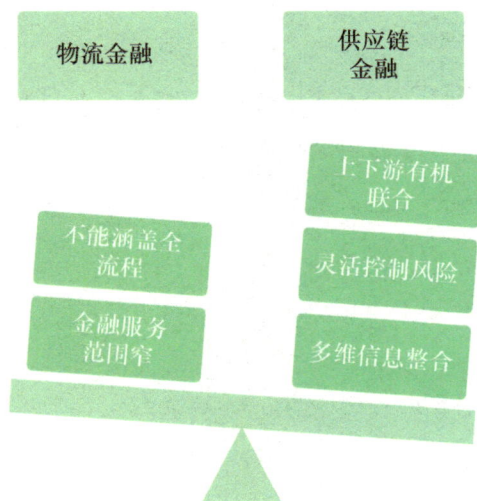

图 3-5　供应链金融 VS 物流金融

我国以物流命名的企业多达几十万家，其中绝大部分都是中小型企业。在国内油价和人工成本不断上涨、市场竞争愈发激烈的今天，这些利用自有资金发展的中小型物流企业，很难仅仅通过内部管理运营的优化缓解不断抬升的综合成本压力；同时，由于这些物流公司通常缺乏更多固定资产进行贷款抵押，因此也很难从银行等金融机构获得金融支持。

融资难已成为大多数中小物流企业持续发展的最大痛点。一方面，我国尚未建立起全面、合理的现代金融服务体系，银行等正式金融机构比较青睐大型国有企业，而针对中小企业的金融产品和服务比较匮乏；另一方面，中小企业自身规模小、贷款抵押能力不足、效益不稳定、信息不透明等问题，也对企业融资带来不利影响。

在此背景下，华夏银行的"融资共赢链"、深圳发展银行的"供应链金融"、光大银行的"阳光供应链"等针对中小企业融资困难而推出各类供应链金融服务产品，自然就受到了众多中小物流企业的追捧。

供应链金融产品围绕供应链的核心企业，以核心企业为信用背书，将资金注入供应链上下游的更多企业中，并通过对整体供应链风险的监控，将单个企业的不可控风险转变为更加可控的整体供应链风险，从而有效减少金融风险。显然，这种"N+1+N"模式改变了金融机构以往偏重固定资产评估的做法，转而以整体供应链和实时交易状况评估企业的信贷能力，从而使更多的中小企业能够从银行获得资金支持。

基于这一金融服务思路，**物流企业能否获得有效的货币支持，关键在于其是否处于一个强有力的供应链中。即供应链中的核心企业获得银行青睐，那么参与到供应链上下游的供应商、分销商以及提供配套服务的物流企业，便容易获得供应链金融服务**；相反，那些处于实力较弱的供应链中的企业，则依然难以获得有效的金融产品和服务。

如此，供应链金融在一定程度上加大了物流产业的分化、兼并与整合。那些强力供应链中的中小企业能够有效化解融资瓶颈，获得更好更快的发展，进而吸引更多优质的物流企业参与到供应链中；而那些资质不佳、处于弱势供应链中的物流企业将更加难以获得资金支持。

3.3.2　物流企业如何打造供应链金融模式

物流金融和供应链金融拓展了物流发展的想象空间，为物流企业带来了新的创收渠道，如国际著名物流巨头马士基和 UPS 的主要收益来源都是物流金融服务。以 UPS 为例，其物流金融服务集中于仓储质押、代付款和代收款三个环节；同时，由于成立了自己的金融机构，UPS 能够为客户提供更专业、便捷的金融与物流服务，并以此为基础研发拓展更多高附加值的供应链金融产品。

就国内来看，由于非金融类机构没有经营融资类业务的资质，因此供应链金融是以银行等金融机构为主导、物流企业处于从属地位的运作模式。具体的供应链金融产品和服务，包括不动产质押融资、代收货款、保兑仓、融通仓、海陆仓、垫付货款、仓单提单质押、池融资、保理等。

虽然处于从属地位，但物流企业在供应链金融中也有着不可替代的价值。以较受欢迎的保兑仓业务为例，银行一般青睐自己指定物流企业进行货物的质押监管；物流企业则可以通过这一服务获得物流运营和货物评估与质押监管两方面的收益。同时，作为银行的合作伙伴，物流企业也能够借此构筑竞争壁垒，打造核心竞争力。

不过，能够像中储运、中外运、中远那样与银行达成合作关系从而有机会承接质押监管业务的物流企业显然并不多。特别是对众多中小型物流企业来说，在规模、资质、网络、管理等各个方面都很难符合银行对物流合作伙伴的要求。

深层来看，中小物流企业要想在供应链金融模式中分一杯羹，关键还是要解决资信问题，借助多种途径提高自身的资信水平。例如，当前很多物流地产企业除了布局保税物流中心，还积极在各个城市建立物流园区，而这些物流园区常常具有多元化的功能定位和综合服务能力，如区域配送中心（RDC）、快运转运中心、运输揽货站、配载服务部、售后配件中心、VMI 中心、城市共同配送中心、期货物流、展销展示中心、信息服务和附属服务等。

如果中小物流企业能够与物流园区合作承接银行的质押监管业务，那么便可以借助物流园区的参与或担保，大大提升申请成功的概率；对银行来说，由于有着物流园区的参与或担保，因此可以更好地规避金融风险，实现业务拓展；而运营物流园区的物流地产商也能够借此获得新的创收渠道。

对中小物流企业来说，虽然很多时候都无法获得供应链金融的主要产品，但这一创新性的金融服务形态仍然有很多产品和服务让众多企业从中获益。例如，国内很多商业银行都上线了保理服务，即企业通过把国内贸易中形成的应收账款转让给银行的方式，获得银行提供的应收账款融资、财务管理、账款催收、承担坏账风险等综合金融服务。对物流企业来说，如果应收账款的债务方满足了银行的信誉评定标准，那么物流企业便可获得此项服务。

整体上看，物流供应链金融的主要参与者与获益者仍是实力雄厚的大型物流公司；但不可否认的是，供应链金融为各家物流企业带来了供应链管理思维，从"单打独斗"转向更加注重供应链整体建构的"团队合作"，从而极大地推动了我国物流产业的优化整合与进步。

对众多中小企业而言，应该顺应物流供应链管理的趋势，努力提升自身服务水平和信用评级，积极参与到以优秀企业为核心的强势供应链中，从而获取供应链金融产品和服务，突破融资瓶颈，实现更好更快的成长。

3.3.3 【案例】顺丰供应链金融的四大产品体系

从顺丰的战略布局来看，仓储、配送及融资无疑是其目前正在积极拓展的三大核心领域。而在仓储及配送领域，顺丰已经深耕多年并且已经在市场中建立了较强的品牌影响力。那么顺丰的金融业务又该如何布局？在市场竞争颇为激烈的金融领域，顺丰这个"门外汉"又能怎样出其不意地布局呢？

◆ 开通仓储融资，打造物流服务闭环

2015 年 3 月，顺丰官方发言人表示，顺丰在全国范围内拥有的超过100 个仓库将向广大电商卖家全面开放，在为后者提供最为基本的分仓备货服务的同时，还为其提供仓储融资服务。在顺丰仓库中提前备货的优质卖家，不但能够利用顺丰的全国性配送网络实现就近发货，而且还能通过存储在顺丰仓库的货物申请到一笔贷款。

该业务上线后，迅速在社会各界引发了广泛热议。顺丰拥有着强大的

物流配送网络及遍布全国的仓储中心，如今又上线仓储融资服务，很明显其目的是要打造出一个完善的物流服务闭环生态系统。顺丰的仓储融资服务之所以能够被广泛关注，不仅因为顺丰的跨界行为，更多还是在于这款金融产品具备的特色。

据顺丰发布的信息显示，仓储融资服务主要面向具备良好信誉的电商卖家，后者需要将存储在顺丰仓库中的货物进行抵押。它有效解决了卖家在采购商品时遇到的临时性资金短缺问题，让商家可以放心地在顺丰仓库进行备货的同时，获得一笔数额在 100 万 ~ 3000 万元的应急资金。

据公布的数据显示，现阶段顺丰已经在沈阳、北京、上海、西安、武汉和成都打造了 7 个大型物流分发中心，在全国超过 50 个重点城市建立了上百个仓储中心（总面积达到近百万平方米），再加上顺丰在国内范围内建立的数万个线下服务网点，最终形成了全国性的电商仓储配送体系。在这一基础上，顺丰的仓储融资业务也能够为全国各地有需求的电商卖家提供优质服务。

◆顺丰仓储金融具有的独特优势

能够打造出一个完善的闭环生态系统向来是广大商家梦寐以求的目标，在越来越多的互联网巨头跨界而来的背景下，顺丰必然要加快自身的这一进程，才能在未来的市场竞争中具有较强的领先优势。

为了更好地发展金融领域，顺丰专门组建了金融服务事业群。2014 年 10 月，顺丰开发出的仓储融资产品进入内部测试阶段。2015 年 3 月，顺丰宣布仓储融资产品正式上线。那么，与市场中已经存在的诸多金融产品相比，顺丰推出的仓储融资产品又具有哪些方面的优势呢？

首先，现阶段越来越多的电商企业正在积极向轻资产模式转型，但这也导致他们由于缺乏能够被银行认可的固定资产，而导致无法从银行中获得贷款。受制于资金短缺问题，很多企业的发展陷入困境，而顺丰推出的仓储融资服务，则可以让电商企业以一定数量的商品作为抵押，来获得应急资金。由于存在货物抵押，顺丰也能够有效控制资金风险。

更为关键的是，由于顺丰多年来在商品流通领域积累的丰富经验，其推出的仓储融资服务十分契合物流行业特征。一般情况下，传统金融机构推出的抵押贷款服务是相对静态的，它不能根据企业所拥有的动态变化的抵押品实时地调整贷款额度，而顺丰则能借助其打造的仓储 WMIS 管理系统，对企业的货物流通情况进行有效监测并实时记录，这就为顺丰为客户提供更加灵活的融资服务打下了坚实的基础。

此外，顺丰提供了两种不同的贷款融资服务，从而让电商企业能够根据自身的个性化需求选择合适的融资服务。

其一，先款后货。 这种模式中，顺丰先给企业提供资金，后者用这笔资金采购商品，并将商品存储在顺丰仓库内。

其二，先货后款。 该模式则是企业将货物先存储在顺丰的仓库中，顺丰将根据货物的价值提供相应数额的贷款。

◆顺丰供应链金融四大产品

当然，想要切入金融市场的顺丰自然不可能完全依赖仓储融资服务，目前顺丰还推出了订单融资、顺小贷及保理融资服务。这四大供应链金融产品几乎覆盖了所有物流领域的金融需求。下面将对其进行具体分析。

（1）仓储融资

顺丰仓储融资的最大亮点在于它实现了动态质押，基于大数据、移动互联网等技术，顺丰仓储中心能够对仓储数据进行实时同步，这使得顺丰的仓储融资产品可以动态调整授信额度，从而更为精准高效地满足商家的融资需求。

（2）订单融资

订单融资主要面向的是与顺丰存在长期合作关系的客户，其具体流程：客户向供应商提交订单的同时，也将订单的相关信息提交给顺丰，之后将由顺丰全面负责该订单的采购流程。从付款到运输，再到仓储，最后到交货都由顺丰帮助商家完成，从而使客户享受一站式供应链金融服务。

如今已经有很多电商企业享受到了顺丰订单金融服务所带来的巨大优

势，而且在和客户进行合作时，顺丰也将为广大客户提供一系列优惠措施，从而为客户创造更高的价值。

（3）顺小贷

与其他三款供应链金融产品相比，顺小贷门槛更低，操作更为便利、灵活。顺小贷主要面向的是信誉较好而且与顺丰存在合作关系的实体经销商与电商企业，贷款额度为 5 万 ~ 100 万元。顺小贷的上线，在提高客户黏性的同时，也为顺丰整合了诸多优质商家资源，为顺丰向更为广阔的领域进行拓展打下了坚实的基础。

（4）保理融资

现阶段，顺丰的保理融资主要是在顺丰与供应商签订货物购销合同的基础上，买断顺丰供应商对顺丰的应收账款，并为供应商提供贷款服务。该产品为客户提供了较长的还款周期，而且需要支付的利息也相对较低。

未来，顺丰将会将保理融资产品的服务范围扩展至供应链中的所有与自身存在应收及应付关系的客户群体，并为他们提供以现金贷款为代表的诸多金融产品及服务。

第 4 章

互联网 + 运输：
构建货运 O2O 平台战略

4.1 货运 O2O："互联网＋"开启运输 3.0 时代

4.1.1 移动互联网时代的货运大变革

随着移动互联网渗透作用的加强，传统货运物流的整体运营效率逐渐提高。以运策网、罗计物流为代表的 O2O 物流企业自诞生后呈现出迅猛发展姿态，为传统物流模式下的车货匹配困难、行业分布零散等问题提供有效解决方案，依托移动互联网平台的优势实现货运需求方与服务方之间的信息对接，该模式对于物流行业的贡献，如同"滴滴出行"在出行领域发挥的重要作用。

但是，移动互联网与物流行业的结合发展尚处探索阶段，无论是市场方面，还是行业监管都未进入成熟发展时期。从市场方面分析，不仅缺乏足够的货源信息，还需规范其操作流程。立足于行业监管的角度进行分析，区域性垄断、各环节之间无法协调互动、缺乏相关配套设施等，都给物流行业的发展带来不利影响，为了解决上述问题，物流企业应该与相关政府部门达成合作关系。

据《2015 年全国物流运行情况通报》，我国 2015 年社会物流总费用达 10.8 万亿元，比 2014 年提高 2.8%，其中，运输费用为 5.8 万亿元，在总体费用中的比重超过 53.7%。而且，这些运输费用绝大部分由采用传统运营模式的物流企业消耗的，这类企业的突出特点是运营效率难以提高。

因为物流行业存在严重的信息不对称问题，直接导致其整体运营效率难以提高。在传统物流模式下，无论是货车司机，还是集中化运营的物流公司，都需要通过中介或货主提供的需求信息才能找到货源，造成资源浪费。

对互联网公司而言，只要能够解决传统物流的这个瓶颈问题，就能大范围开拓市场，为此，不少公司建立了物流服务平台，为货运需求方与司机之间的沟通互动提供平台支持。

互联网平台之于物流行业，如同打车软件之于出行领域，不仅如此，两者之间在功能方面也存在共性，不少物流企业分别针对需求方与司机推出不同类型的软件，并有同城货运及跨城货运两种。

2014 年 8 月正式投入运营的"罗计物流"，其 APP 分为两种：针对货运需求方的货主版（图 4-1）与司机的车主版。司机可通过 APP 搜索需求方发布在平台上的需求信息，查询其货品种类、具体方位，综合判断自己的条件是否能够为需求方提供满意的服务，如果条件符合，则可接受订单。罗计物流于 2015 年 5 月完成第二轮融资，资金规模达 1.26 亿美元。

为交通运输及货运行业提供信息服务的 oTMS 也是这方面的典型代表，该公司于 2015 年 6 月完成 A+ 轮融资，资金规模达千万美元，百度、经纬中国等参与此次

图 4-1　罗计物流货主版

投资。2013 年年底推出的货运平台"货拉拉"，同样是在货运需求方与服务提供方之间搭建桥梁。

不过，采用此类运营模式的物流服务平台在现阶段的发展还不成熟。像罗计物流一样，这类平台在初期侧重于市场推广，当平台能够维持正常运营时，接下来重点会进行数据分析及价值挖掘，拓展自身的业务范围。

4.1.2　同城货运 O2O 迎来新一轮洗牌

近年来，线上线下结合的同城货运成为投资领域的新宠。包括一号货车、蓝犀牛在内的众多货运 O2O 公司都成功融资，资金规模达到几千万，部分企业还获得亿级投资。与此同时，一些拥有实力基础的互联网企业也加大投资力度，使该领域的市场竞争愈加激烈，如 58 到家的速运业务。

◆ 初创企业与互联网巨头纷纷布局

根据统计结果，在 2015 年的国内生产总值中，同城货运的比重达 1.5%，国内同城货运的总体规模达 9000 亿元，其中，北京占比超过 3%。知名货运公司货拉拉在 2015 年 5 月底成功完成 C 轮融资，资金规模达 1 千万美元，MindWorks Ventures 与 AppWorks 为主要投资方，除此之外，清流资本也进行了投资。

此外，同城货运叫车平台蓝犀牛也成功完成 B 轮融资，资金规模达 2500 万美元。而且，早在货拉拉与蓝犀牛之前，一号货车、1 号货等都得到了投资者的青睐。到 2016 年，国内同城货运领域的参与者不下 100 家，其中，有几十家已经得到投资方的支持。很明显，继打车应用后，投资者又将目光投向同城货运领域。

由于该领域拥有广阔的发展空间，在很多初创团队聚集的同时，一些互联网巨头公司也低调涉足相关业务。以 58 同城为例，该企业于 2014 年 11 月 20 日推出"58 到家"，在 O2O 领域展开攻势。与此同时，58 同城计划在 2015—2018 年，拿出 3 亿美元的资本用于 58 到家的拓展。尽管 58 同城和 58 到家没有公开其在速运业务上的资本投入力度，但有一点是可以确定的，那就是速运业务是 58 到家的重要支撑，企业自然不会忽视这方面的发展。

由于目前该领域的市场还未进入成熟阶段，没有形成行业标准，随着加入该队伍的成员不断增多，可能推动市场标准的建立，从而提高整体的服务水平，使供需之间更加匹配。

◆力拼服务意在规范市场

传统货运行业在长期发展过程中，始终存在价格信息闭塞、服务水平不高、效率难以提升等问题，行业内部没有形成严格标准，无论是需求方还是服务方，都需要承担较大的风险，难以获得用户的认可。所以，同城货运公司第一步要改善的，就是自身的服务。

凡是在一号货车平台进行注册并通过审核的司机，可直接接单，在收费方面，平台会设置参考价格，但不作硬性规定，允许司机与用户双方进行协商，通过这种方式，司机掌握了更多的主动权，已经有很多司机加入该平台。而且，需求方能够在应用中添加长期合作的司机，其功能设置及外观呈现更符合货主的个性化需求。

货拉拉以距离长短计费，为不同车型设置了不同的收费标准，信息公开。此外，与平台达成合作关系的司机需要具备专业资格，且经过公司的统一培训，能够强化对司机的管理与监督。

蓝犀牛对司机也具有严格要求，并对其进行统一培训，司机需要在 60 秒之内回应用户需求，接单后 15 分钟内出现在配送出发地，帮助客户将货物装车。另外，蓝犀牛联手保险公司，通过先行赔付方式有效保障货主权益。

58 到家的速运业务也对加入平台的司机提出较高要求，在司机接受培训之后，需经过考核才能接单，并要求司机缴纳保证金以确保其为用户提供优质服务，此外，公司设立了针对司机的奖惩制度，若司机违反规定，给客户带来直接损失或影响其服务体验，在一周内不得接单；如果司机擅自提高价格，公司将采取扣除保证金或减免其奖励的措施，问题严重者，将不得与公司继续保持合作关系。

平台也针对用户设置了公开的收费标准。通过加强对司机的管控，进行统一培训、设置奖惩制度来提高整体的服务水平，更好地满足客户的需求，从而提高他们的认可度与依赖性。

◆同城货运 O2O 领域布局难度大

尽管不少企业进军同城货运 O2O 领域并纷纷采取发展措施，但该行业可能与打车应用及团购网站一样，要在前期推广环节消耗大量资金，再经过市场开拓、重新布局，所有公司都要面临众多同类企业的竞争，要想成为最终的胜出者还是有很大难度的。

一方面，技术应用及资本投入在同城货运 O2O 企业的发展中发挥着关键性作用。为了及时处理客户的订单信息，平台必须以大数据技术作为支撑，这样才能将信息迅速发送给周边合适的司机，满足客户的货运需求。

另一方面，无论是货主还是司机，都已经习惯于传统模式下的运作形式，为了实现资源整合，必须加大投资力度对传统货运行业进行全方位的改革，为了对司机加大监督与管理，还要对其进行培训，等等，都需要足够的资金支持。

此外，立足于平台发展的角度来分析，要尽力避免货主与司机跳过平台进行私下的业务往来与交易，这样平台将无法获得长足发展。线上线下结合的货运企业应该注重建立统一的规范制度，彰显平台化运营的价值，使其成为该领域发展必不可少的一环，通过这种方式增强自身发展的持续性。

现阶段的同城货运移动应用大多没有自己的品牌特色，且与传统货运行业之间存在严重的竞争。从目前来看，真正有发展前景的企业并不多。虽然同城配送的投资力度不小，但其最终的收益并没有达到相应水平。

然而，同城配送与用户之间的距离更短，如果服务不到位，就容易造成用户流失，这一点也是整个物流服务体系改革过程中不能忽视的。借助于网络平台的优势，提高物流资源的利用率，实现供需之间的平衡，可能会拥有广阔的发展空间。然而，同城货运 O2O 至今还未探索出成熟稳定的盈利模式，再加上大规模的资金投入，从现阶段来说，其最终结果如何，还未可知。

4.1.3 货运 O2O 模式如何解决行业痛点

在移动互联网高速发展的今天，传统物流可借助现代化信息手段进行自身改革，通过采用 O2O 模式解决物流行业长期发展过程中存在的主要问题，如以下几个。

（1）**货运物流行业分布散乱**。中国物流学会的调查结果显示，国内 97% 以上的物流企业配置的车辆都在 50 辆以下，很多小型物流公司是夫妻合伙创办的，只配备了少数运输车辆。据悉，40% 的物流企业仅配备一辆卡车。采用线上线下一体化运营的物流平台则能够将分布在各地的车辆资源集中起来，加速整个行业的运转。

（2）**货运需求方与司机之间缺乏有效的信息对接，司机要依靠中介寻找货源，利润空间有限**。很多货运司机找不到货源，只能在物流园区等候，依靠中介寻找货源，并要向其支付一定报酬。货运物流 O2O 平台的出现能够有效解决司机所处的困境，帮助他们迅速接到任务，且无需经过中间商，能够有效节约成本消耗。

（3）**空车返程现象时有发生，资源利用率低**。据悉，我国公路运输的返程空载率在 40% 左右。很多情况下，司机完成运输任务之后，在回程途中却找不到合适的货源，只能空载而归，而远距离运输意味着高耗油量，进一步增加了司机的成本消耗。物流 O2O 平台的出现，则允许司机提前联系返程途中的货源，不仅节省时间与精力，还能避免空车返程，提高司机的利润获得。

（4）**信用体系有待完善**。传统物流模式下，熟人推荐在物流交易中占

据重要地位，这也意味着发生信用问题的概率更大。与之不同的是，物流
O2O平台能够详细记录双方的交易信息，平台可在此基础上建立完善的信用评价机制，为双方提供信用参考数据。

◆ 货运 O2O 平台的功能特点

（1）平台运营商

平台运营商的主要功能特点体现在以下几个方面：

> ★平台运营商是指负责物流信息平台运营的一方；
>
> ★企业建立物流O2O平台的目的是，通过平台化运营，实现物流供求信息间的匹配，提高企业运输的效率，通过服务的提供满足用户需求，降低物流运输的成本；
>
> ★借助网络平台的优势力量，在企业的监管、运营、交易等环节充分挖掘数据资源的利用价值，通过技术手段对传统物流行业进行升级，建立新型物流体系；
>
> ★平台在运营过程中，利用大数据分析及处理技术、信息智能匹配技术、现代网络技术等，更好地满足货主、车主的信息需求；
>
> ★将货运需求方与服务提供方的信息汇集到同一个平台上，方便双方之间的联系沟通，与此同时，为双方之间的交易提供平台。

（2）针对车主的应用软件

针对车主的应用软件的主要功能特点体现在以下几个方面：

> ★车主只有按照平台要求注册并经过核查才能入驻；
>
> ★车主应按规定发布车辆信息和申请符合自己的订单；
>
> ★平台设有团购功能，车主可以按需购买团购产品，如团购的加油卡，降低成本；
>
> ★平台根据实际的账单情况从中获取一定比例的报酬；
>
> ★若客户对车主的服务不满意，可通过平台进行调节。

（3）针对货主的应用软件

针对货主的应用软件的主要功能特点体现在以下几个方面：

★货主只有按照平台要求注册并通过审核才能入驻；

★平台中货主有两种：个人和商家；

★货主能够在平台上找到完全符合自己要求的货运车辆；

★平台有预约功能，货主可以提前联系车主；

★货主可以根据实际情况管理订单。

线上线下物流运营模式通过平台有效地促进了货主和车主之间的信息交流。供求信息畅通使得可视化水平提高，将整个物流行业整合为一个有机整体，货主、车主之间的交流更加便捷，提高了信息匹配的精准性，可快速实现信息对接；提高了汽车资源的利用率，加速物流行业的整体运转；与此同时，平台能够发挥监督作用，改善整个行业的服务质量，促进物流行业的健康发展。

◆货运 O2O 如何解决行业痛点

（1）应用网络技术，提高信息资源利用率

建立并运营线上线下一体的物流信息平台，应用网络技术，通过开放数据使企业在监管、项目运营、交易等各个环节，提高信息资源的利用率，节约成本。

（2）扩大覆盖范围，打造完整的生态体系

等到物流信息平台的运营进入成熟阶段，加大市场开发力度，调动司机群体的参与，进一步扩展面向商家的物流业务，打造完整的生态体系。

（3）依托平台服务，实现车辆资源的优化配置

借助于物流平台的信息服务，为货品找到合适的运输车辆，满足货主的配送需求，提高车辆资源的利用率。

（4）把握关键问题，构建物流 O2O 适用模式

有货运需求的用户将需求信息上传到物流信息平台，车主将车辆资源

数据上传；货主可通过平台查询车辆资源，与车主沟通；而车主也可查询货源信息，主动联系需求方。

◆货运 O2O 面临市场、监管双重挑战

目前，国内货运 O2O 的发展还处于探索阶段，其市场化运营还不成熟，监管方面也存在一些需要改善的问题，如图 4-2 所示。

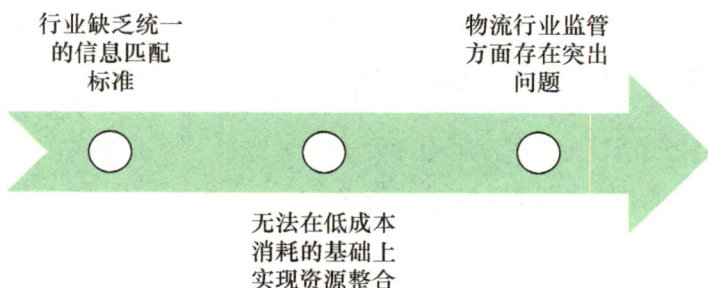

行业缺乏统一
的信息匹配
标准

物流行业监管
方面存在突出
问题

无法在低成本
消耗的基础上
实现资源整合

图 4-2　货运 O2O 行业面临的难题

（1）行业缺乏统一的信息匹配标准

物流货运 O2O 平台在具体运营过程中，通常不会将所有交易双方需要了解的信息直接呈现在客户端界面上，这些信息内容包括地理信息、货品种类、体积、重量等，为了进一步判定对方信息与自身条件是否匹配，司机和需求方通常要借助于其他联系方式进行沟通。

（2）无法在低成本消耗的基础上实现资源整合

目前，很多货运 O2O 平台还未探索出成熟的运营模式，对他们而言，最大的挑战莫过于用户推广。在这方面，货运 O2O 平台与其他仅限于线上运营的应用是存在明显差别的，主要表现在，线下推广在货运物流 O2O 平台发展过程中占据更加重要的地位，企业需要在这个环节投入更多资金。

在现阶段，一方面，很多平台通过物流园区进行线下推广，但园区分布缺乏集中性，规模也各不相同。不过，只要是货运平台，就不能忽视市场推广，否则无法获得持续性发展，为此，很多物流 O2O 平台都砸重金进行线下的市场推广。

另一方面，物流 O2O 模式的出现给传统物流的发展带来挑战，很多企业将其视为竞争对手。具体而言，因为物流平台能够实现需求方与司机之间的信息对接，省去了许多中间商的工作，使他们面临很大的生存压力，部分物流园区开始排斥货运物流 O2O 线下推广，给这类企业的后续发展带来阻力。

（3）物流行业监管方面存在突出问题

目前物流行业的监管方面较为突出的问题是，不同部门之间缺乏有效沟通，基础设施建设不完善，区域性垄断明显等。令人欣慰的是，国务院于 2014 年颁发的《物流业发展中长期规划（2014—2020 年）》中强调，要发挥政府的导向作用，进行市场运营方面的调节，通过应用现代化科技手段，对传统物流进行转型升级，支持相关企业的发展。

为了加强各部门之间的互动关系，完善配套设施的建设，打破区域性垄断，《物流业发展中长期规划（2014—2020 年）》强调，应该更多地发挥市场的自我调节作用，尽力保证物流行业在更大范围内的公平竞争，加大对基础设施建设的投资力度，改善各地的交通路况，提高运输速率。

移动互联网的应用确实能够带动传统物流行业的改革，在改革实施过程中，政府部门须推动相关政策的落地，对物流行业的整体发展形成规范作用。通过发展现代物流，为整个国民经济及社会文明的进步做贡献。

4.1.4 【案例】货运 O2O 平台的典型代表

采用线上线下一体化模式的同城快递与货运服务，比以往服务体系的运作效率更高，质量更好，方便相关信息的查询，能够更好地满足用户需求。近年来，物流配送领域的竞争愈加激烈，部分垂直型物流企业也加入到这场争夺战中。

◆云鸟配送：提供领先的供应链配送服务

云鸟配送于 2014 年 11 月正式投入运营，通过竞价招标模式，满足客户在货物运输方面的需求，性价比较高。此外，该物流企业配备了专业工具"云鸟大屏"，利用这个工具，云鸟面向其合作公司开放物流数据，客户可以查询云鸟当前在任务执行过程中的车辆及货品信息。

云鸟配送于 2015 年初完成 A 轮融资，投资方包括盛大资本、经纬中国、金沙江等，融资规模达到上千万美元；同年 7 月，获得由红杉资本领投，盛大资本、经纬中国以及金沙江跟投的 B 轮融资，规模达数千万美元。

◆**一号货车：对接货主与司机，打造智慧货运**

一号货车通过平台搭建方便货主与司机之间的业务往来与信息传递，推出针对货主与司机两种不同的应用程序，其服务方式分为以下几种：直达服务、智送服务以及回程车服务。

一号货车的直达服务针对的是细分市场的小规模商家或个体客户，其实施过程中充分体现了对大数据技术的应用。这种服务方式能够在货主需求与司机服务之间进行优化匹配，是对传统点对点直送服务的改良，满足客户的同城货物运输需求，不需要中间商参与。

智送服务主要针对规模较大的公司，能够在同一个时间段内向多个不同地方运输货品，并且，能够找到最佳物流运输解决方案，整合利用车辆资源，帮助企业减少在物流环节的资金投入，提高配送效率。

回程车服务能够尽量避免司机到达货物配送地后空车返回的现象。在该模式下，一方面，司机能够在完成配送任务后的返回途中搭载货物；另一方面，有配送需求的客户，也能够知晓司机的运输及返程路线，将自己的需求信息传达给司机。

2015 年 1 月，一号货车成功完成由红杉资本参与投资的 A 轮融资，融资规模达几百万美元；之后，又在同年 7 月顺利进行 B 轮融资，由 DCM 领投，红杉跟投，融资规模突破 1 亿元人民币。

◆**蓝犀牛：整合社会运力资源实现同城高效配送**

蓝犀牛创建于 2013 年 11 月，在 2014 年 12 月完成 A 轮融资，资金规模达 3300 万元，投资方为君联资本，隶属于联想。2015 年 8 月，该公司完成额度为 2500 万美元的 B 轮融资。

在具体运营方面，蓝犀牛与美国物流快运公司 Lugg 存在许多共性，均是通过平台的搭建，把本地司机和运输车辆集中到一起，为有货运需求的用户提供相应的服务，在城市内进行配送。在提交订单信息时，用户需要填写货物的发出地及最终目的地、准确的服务时间，并选择与自己的货品相适应的车型，提交信息后 60 秒之内，就会有司机应答；只需一刻钟的时间，司机就会出现在货物发出地。但与蓝犀牛不同的是，美国的 Lugg 公司要求客户将货品形态以图片形式上传到服务平台。

另外，Lugg 的服务项目中还包括请搬运工人帮忙，如果货物体积比较大，司机仅凭一己之力难以完成物品的搬运工作。因此，在接下订单后，司机会开车搭载搬运人员一起到货物所在地，为用户提供搬运及运输服务。用户也可通过应用软件在线付费，不但方便，还能避免司机私自提价。

为了避免在运输途中发生意外情况伤及顾客的利益，美国的 Lugg 公司以及蓝犀牛都配备了专业的货物运输保险。蓝犀牛为用户提供先行赔付服务，也是该领域内第一家推出该服务项目的企业。到 2016 年，蓝犀牛的市场涵盖了包括北上广、重庆、深圳等 12 个二线以上的城市，无论是涵盖的城市数量、汽车规模，还是用户数量，在其所属领域内都排在首位。

4.2 平台战略：货运 O2O 运作模式与实践路径

4.2.1 货运 O2O 模式的 3 种主要类型

◆同城货运

近年来，同城货运开始受到市场的青睐，如神盾快运、速派得等，这些线上线下一体化平台出现的目的，就是为了使物流行业运营过程中的相关信息能够流通顺畅。

目前，物流行业的信息不对称问题仍然非常严重，也是亟须解决的棘手问题，这就给 O2O 模式的货运平台带来很大的发展空间。货运平台利用现代互联网技术，能够迅速完成货主和车主间信息的有效匹配，大大节约了货主找寻货运车辆的时间，而其智能匹配附近车辆的功能，也有效提高了服务提供方的收益。因此，**大数据和智能化是货运 O2O 运营过程中的两大核心。**

国内货运市场目前存在两大问题严重影响着货车主的运营收益。其一，尽管在现阶段，国内的货运行业十分繁忙，但是仍然存在很多货车主缺乏收益渠道的问题，货运平台的运营则能够有效改善这些车主的境况，成为他们追捧的对象。其二，货车主每次完成货运任务之后，返程一般都是空载而归，存在着巨大的资源浪费，货运平台能够有效促进行业内部的信息交流，也能改善这一难题。

如今，我国许多货运平台的发展正面临巨大考验。到 2015 年，国内市场上已经存在 200 多家的货运 O2O 平台，这还不包括那些兼做同城货运的平台，其竞争激烈的程度可见一斑。

在货运行业中，个体货主叫车的次数并不是很多，大部分的货运任务是工程需求以及企业间的货物往来。这些虽然也会影响货运平台的健康发展，但是对于平台而言，影响最大的因素还是信用问题。很多货主需要运送大批货物，直接将货物交给车主，肯定会考虑安全和司机的信用问题。从这个角度来说，平台必须要加强对车主的监督，否则，发生意外情况时，平台是需要负责的。

在货运行业建立直观可靠的标准具有很大难度，每辆车的大小以及货运能力肯定存在差别，货主的货运要求肯定也会存在差异，价格的定位也很难统一……整个市场存在着太多这样的因素，给统一的标准建立带来困难。同时，有货运需求的企业更加倾向于能够与可靠的货运车主保持长期合作关系，所以企业通过平台找到满意的车主之后，很有可能会直接越过平台，与车主建立交易关系了。

【案例 1】运拉拉：实现同城企业货主于司机之间的供需透明化

运拉拉创建于 2015 年 7 月，8 月正式投入运营，而在同年 9 月，该公司就完成天使轮融资，资金规模达上千万。运拉拉针对商家提供相关物流服务，包括货物装载、搬运、数目核查、交易等内容，并帮助企业制定完善的物流实施规划。

在具体收费方面，该公司并没有沿用以往的收费模式，以货物的重量、所占空间及运输距离为参考标准，而是采用"按需计费"方式，根据客户具体需求推出完善的解决方案，包括货物分拣、装载、数目核查、代理交易等工作流程。

【案例 2】趣活美食送：专注于提供区域内知名特色餐厅的外卖服务

该公司成立于 2012 年 3 月，从它的名字中就能够看出，这是一个专注于送餐的信息平台。平台主要从事用户所在地区附近知名特色餐厅的美食外卖服务，用户可提前预订餐点，公司会派遣专业服务人员提供上门服务。趣活美食送的服务种类非常多，有早餐配送、午餐（可分为中餐与西餐两种）、下午茶、系列套餐、特色美食等配送。到 2016 年，其业务已覆盖至上海、北京、南京等众多城市。

趣活美食送在 2012 年完成天使轮融资，资金规模达数百万元，之后，该公司又在 2013 年 8 月进行 A 轮融资，软银中国等参与投资，总体规模达数百万美元，2014 年，公司完成 B 轮融资，资金规模达数千万美元。

◆抢单模式

滴滴推出的抢单模式取得了巨大成功，这给以货拉拉为代表的货运平台的发展提供了优秀的经验积累，行业内部许多平台纷纷模仿。

不同于滴滴打车的地方是，打车是时时都在发生的事，而货运的发生率就要低很多。那么，这样一个相对低频的事件怎样才能吸引车主加入平台？保证不了接单的数量，车主怎么可能会积极地加入抢单的行列？

这种情况在较大的城市可能会好一些，随着人口数量的增加货运需求可能也会有所增加，但是小规模城市恐怕就没有那么幸运了。因此，目前智能匹配仍占据主导地位，很难实现像滴滴那样的抢单模式。也就是说，抢单模式并非适用于所有行业。

◆跨城货运

不同于上述几种模式，还有一些平台的业务运营不只局限在同城之间，还兼做跨城货运，如云鸟配送、物流小秘等。而还有一些平台则将注意力全部放在了长途货运上，如省省回头车。不管何种形式的平台，它们的目的是一致的，就是要解决货运行业的信息不对称问题。

但是，跨城货运涉及的信用问题要更加突出。第一位的就是货物的安全，在跨城货运中，货物的安全问题要比同城货运更为严峻，在同城货运中，若运输的货物价格不菲，货主可提出随行要求。相比之下，跨城货运的距离更远，运输途中可能出现的意外情况也更多，货主通常不能随行，容易失去对自身货品的控制，因此，跨城货运需要在信用及安全问题的解决上下更大功夫。

除此之外，跨城货运也要建立统一的行业标准，采取有效措施避免需求方与司机直接在私下交易。

4.2.2 众包配送 O2O：共享物流的颠覆力量

◆人人快递：将社会公众发展成为自由快递人

人人快递创建于 2013 年年初，旨在让所有人都参与到送快递的活动中，倡导人们在出行途中，以自身的行进路线为参考，顺路运送快件，减少中间环节，通过这种方式降低社会资源的浪费，达到节能、环保的效果。与此同时，向公众传播相互帮助、广泛参与、为社会付出的价值观，提高快件配送效率，减少货物囤积，降低快递公司的资金投入，旨在通过自身平台的运营，给人们的日常生活带来便利。

人人快递在 2014 年 11 月进行首轮融资，此次融资金额达 1500 万美元，高榕资本与腾讯参与了投资。

◆达达配送：基于移动互联网，采用众包模式

该公司创建于 2014 年 6 月，为合作商家解决配送问题。目前达达配送

的业务主要集中于生鲜产品及餐饮类配送，通过线上平台接单。统计结果显示，到 2016 年，达达配送的一线兼职服务提供者在 10 万人以上，其业务覆盖至 10 万家商家，大部分从事餐饮服务，平均每日的订单量接近 60 万。除了餐饮类服务，还有一些生鲜产品、零售商品、水果、鲜花等配送。

达达配送在 2014 年 7 月完成首轮融资，金额达数百万美元，知名投资机构红杉资本参与投资，到 2016 年年初，达达已经获得由 DST 领投的第四轮融资，融资规模接近 3 亿美元。

◆ 京东众包：一种全新、社会化的全民快递服务

京东众包是"京东到家"推出的一种新模式，在这种模式下，位于任何地理位置的所有用户，都能参与配送活动中，并从中获取一定收入。

凡是自身配备智能手机并且能够上网的成年人，都能够报名申请京东众包的兼职配送者。申请者需要安装京东众包的移动应用软件，登录自己的信息，经过培训后就可以接单，每单配送任务完成后会获得 6 元的分成。无论是大学生、上班族、赋闲在家的中老年人，都可以报名参与，只要在接单后两个小时将快件送达即可，其距离一般在 3 ~ 5 公里。

◆ 闪送：专人直送，缩短送达时间

公司专注于城市内的配送服务，为用户提供专人直送，并全程跟踪配送员的送达过程，尽量缩短中途的时间耗费，在一个半小时内将快件交给收货人，起价为 39 元。

闪送在 2014 年 3 月完成天使轮融资，融资规模达数百万元，3 个月后，成功完成 A 轮融资，经纬中国与鼎晖投资进行了投资，金额达数百万美元。之后，在 2015 年 7 月获得 5000 万美元的 B 轮融资。

◆ PP 速达：综合物流信息平台

PP 速达创建于 2014 年 3 月 14 日，3 月 27 日开始投入运营，通过平台化运营方便用户查发快递、追踪快递运输途中的地理位置、通过投诉保护自身权益等。

到 2016 年，该公司已经实现与国内十多家快递公司的信息对接。用户

将需求信息上传到 PP 速达的服务平台，平台会自动将信息发送给快递公司，也就是说，PP 速达采用众包模式，通过快递公司的配送团队为用户提供运输服务。而且，在这种模式下，用户无须向平台支付服务费用。

PP 速达将当前存在的各类物流信息资源集中到一起，通过快递网点的服务提供，解决末端配送的难题。其服务内容以那些难以覆盖电商途径及大型商超成本耗费的产品为主，例如，人们日常所需的食用油、大米等。需要满 20 元才能享受其配送服务，无须支付额外费用，从上午 8 点至 21 点都可下单。

随着互联网在各个领域的渗透，很多传统领域开始寻求自身转型，在这个过程中，物流环节发挥着十分重要的作用。

回归根本层面，物流 O2O 的运营就是实现货运需求与车辆资源的信息对接，方便货主与司机互动沟通与交易。之后，再通过资源整合，提高运营效率，降低运输途中的成本消耗。不过，采用这种模式的平台也并非十全十美，有些司机的信息可能存在伪造现象，此外，运输过程中可能出现意外情况，给客户带来损失。

在市场拓展方面，像美团、饿了么以及不断加大投资力度的百度外卖都瞄准外卖市场，彼此之间展开激烈竞争。目前，这三家平台都在采取措施提高配送效率。2015 年 8 月，饿了么宣布开放物流平台，旨在实现物流资源的优化配置，实现及时配送。

到最后，起到决定性作用的依然是用户体验。为了留住用户，必须提高运送效率，尤其是同城物流，服务方不仅要提供实惠的价格，还要在时间上有所保证，这样才能有效避免用户流失。也就是说，在物流 O2O 发展的关键时期，**要维持自身的竞争优势，就要提供优质服务，增强用户体验。**

众包模式正在快速发展之中，该模式在货运行业的应用也越加普遍。在该模式下，商家能够在更短的时间内完成配送工作，还能提高资源利用率，为用户提供高质量、个性化的服务。

4.2.3 【案例】同城速运 O2O 模式典型代表

◆速派得：同城速运物流服务

速派得在 2014 年 10 月开始投入运营，采用的是线上线下相结合的模式，在城市内进行货物运输，通过资源整合，实现限制货车资源与司机的对接，满足商家及用户个人的同城货运需求，为了提高经济效益，该公司采用零担货物运输方式。

速派得既有线上服务平台，也有专业的电话客服，还推出了微信应用，供用户自由选择。在提交订单前，用户要填写时间、地点及货物体积等相关信息。接到用户需求信息后，运营方根据货品体积进行车型及车辆资源的匹配，并把匹配之后的数据发送给司机。若两个或两个以上的司机表示愿意提供服务，运营方会综合考量其各项指标，从中找出最能胜任该任务的人选。

用户将需求信息传达给平台后，系统会以时间要求为参考筛选出对应的车辆，然后将信息传递给能够接收订单的司机，并利用大数据分析技术筛选出最佳运输途径，同时推算出时间成本。通过统一的资源调配，借助于平台的系统化运作，能够大大减少汽车资源的闲置，提高资源利用率。与此同时，速派得还采用仓储模式，使平台运作无须受车辆空间及地理因素的局限。

速派得在 2015 年 2 月完成 A 轮融资，资金规模达数百万美元。

◆运满满：手机物流配货应用

运满满创建于 2013 年 8 月，依托互联网技术展开手机物流配货业务的运营，主要面向公路运输行业，负责将货主的运输需求信息传达给车主，通过平台搭建方便双方之间的沟通与交易。

该企业在投入运营后不久就成功完成天使轮融资，规模达数百万元，此后，运满满在 2015 年 3 月完成 A 轮融资，规模达 500 万美元，又在 2015 年 5 月获得数亿元的 B 轮融资。

◆罗计物流：面向货运行业的信息对接平台

罗计物流创建于 2014 年 6 月，为货运业提供信息对接服务，是一个互联网物流平台，旨在利用先进技术提高物流领域的现代化及智能化水平。

其服务体系面向物流企业、货运公司、有货运需求的用户以及司机，还有配货中心，供其上传物流数据或进行信息查询。客户可登录该公司推出的网络资源整合系统，强化自身的项目监管，也能够通过其平台化应用将线上信息与实体运营结合起来。

罗计物流推出一个月后，成功完成天使轮融资，资金规模达 500 万元，投资方为真格基金。2014 年 7 月 13 日，该公司成功完成 A 轮融资，总额达 300 万美元，知名投资机构 IDG 参与此次投资。与运满满相似的是，这两家企业都侧重于平台化运营，在收费环节没有设置统一标准，由服务方与需求方共同决定。

◆ 快狗速运：采用 P2P 模式的物流信息服务平台

速狗快运创建于 2013 年 7 月，采用 P2P 服务模式。公司在用户与服务提供方之间搭建信息桥梁，用户可以在任何时间、任何地点下单，享受及时、便捷的货运服务。

该平台的车辆资源以客货车为主，通过车辆资源的调度，为客户提供搬家、宠物托运、货品运输等服务。到 2016 年，速狗快运的服务除了在内陆地区有所覆盖，还延伸至韩国、新加坡和澳大利亚。

2015 年 8 月 5 日，快狗速运与中国太平洋保险达成战略合作关系，通过保险方式来确保客户的利益，此外，该公司还计划给所有的司机人员入上保险，以确保服务提供者的人身安全，此举也有利于公司形象的树立。

速狗快运此前叫做 GoGoVan，该公司在 2014 年 8 月完成 A 轮融资，资金规模达 650 万美元，3 个月之后，该公司又成功完成 B 轮融资，总体金额达 1000 万美元，人人公司参与此次投资。之后，该公司在 2015 年 6 月进行 B+ 轮融资，融资规模突破千万美元。2016 年 5 月，速狗快运完成 C 轮融资，此次投资由新天域资本领投，新加坡报业集团、和通资本及阿里巴巴香港创业者基金等投资方进行跟投。

第 5 章

众包物流：
共享经济时代的配送模式创新

5.1 众包＋物流：整合社会资源，提升配送效率

5.1.1 快递版 Uber：释放共享经济能量

随着众包物流在国内市场的兴起，企业界对于这种共享运力资源的新玩法给予了高度评价，甚至有人将其称为"快递版 Uber"。

2015 年，"6.18"电商促销活动期间，虽然各个平台的订单量不如"双11"购物狂欢节，但也比平时高出好几倍。为了能够将产品在最短的时间内送到消费者手中，国内电商巨头京东采用了众包物流的配送方式。京东所采用的众包物流有效缓解了短时间内大规模增长的订单所带来的配送压力，在配送方面没有出现较为严重的用户投诉行为。

事实上，不仅是京东看到了众包物流的发展潜力，许多电商平台及物流服务商对众包物流也是青睐有加，如亚马逊花费大量资源打造专业的众包业务系统。2015 年 6 月 18 日，多家媒体报道称众包物流初创企业达达完成高达 1 亿美元的 C 轮融资，几天后，达达官方人员也确认了这一消息的真实性。而作为国内较早一批切入众包物流领域的创业公司"人人快递"，

截至 2016 年 8 月，其业务范围已经扩展至全国的 39 个城市，并培养出了一大批"自由快递人"。

虽然众包物流在"6.18""双 11"这种电商促销活动期间爆发出了巨大的能量，但这并非意味着限制其发展的诸多阻碍已经得到有效解决。对于大数据运算能力、风险控制能力及监管方面的问题等，目前各大众包物流服务商并未给出实质性的解决方案，如果这些问题得不到解决，其未来很难迎来跨越式发展。

◆ **人人快递与达达的众包物流实践**

众包物流将原来由专业配送人员负责的配送任务，让社会中拥有闲置运力资源的广大民众完成。四川创物科技有限公司 2013 年推出的"人人快递"，是国内最早大规模尝试众包物流模式的企业。在人人快递上线一年后，大量媒体的报道使其开始被社会各界所了解。

人人快递的初衷是为了打造出一个"人人互助的众包平台"。货主可以通过平台发布送货订单，订单中通常需要包含送货时间、货物名称、货物价值、寄件人与收件人地址及联系方式，系统平台将会根据货主提交的相关信息计算出快递费用，而平台中的广大"自由快递人"将会根据自己空闲时间抢单。

但令人人快递管理层没有想到的是，由于公司名字中包含"快递"一词，而且从事的业务和快递也存在着一定的相似之处，被许多快递公司认为是在进行不正当竞争，不仅联合起来抵制人人快递，更不断向监管部门投诉，最终导致部分地区叫停了人人快递业务。

为了解决这一问题，人人快递管理层对业务进行了调整，不久后便获得了腾讯及高榕资本联合投资的 1500 万美元。2016 年 4 月，人人快递又完成了新一轮价值 5000 万美元的融资。

被资本市场认可的人人快递，向外界证明了这种建立在移动互联网平台上的众包物流模式具备的巨大发展潜力，与之相类似的是，达达创建后仅用一年的时间就成功完成了 C 轮融资，融资额更是高达 1 亿美元。

达达物流是为了解决最后三公里配送问题而打造的众包物流创业公司，其致力于为货主提供及时高效的同城物流配送服务。据公布的数据显示，达达物流拥有的"自由快递人"规模已经达到了 10 万人以上，日均订单配送总量超过 60 万单，配送的产品主要包括外卖、生鲜、便利店中的日用品等。

◆ 推动快递行业向互联网转型的驱动力

在人们眼中，快递一直属于劳动密集型的重资产行业，虽然在电商产业的快速发展下，快递也迎来了高速增长期，但其经营模式和之前相比并未出现太大的变化，甚至部分人认为电商产业发展受阻和快递行业落后的发展现状存在直接关联。

2015 年 5 月，阿里旗下的菜鸟物流广邀各路达人召开了首届"快速江湖大会"。大会上菜鸟物流 CEO 童文红指出，菜鸟将会推出"分层服务伙伴计划"及双向评价机制，从而对快递行业的整体服务水平的提升提供强大推力。

菜鸟物流的此次行动意味着其开始从最初的快递公司之间的协调沟通者转变为行业标准的制定者，这在极大提高快递公司加入菜鸟物流门槛的同时，也为其日后发展成为行业主宰者打下了坚实的基础。

自"互联网＋"行动计划提出以来，我国各行各业的转型进入了加速期，作为电商产业重要支撑的快递行业的转型受到了格外重视。从整体来看，推动快递行业向互联网转型的驱动力主要包括以下两种。

（1）内生动力：快递行业内的相关企业为了追求更低的成本、更高的效率，而自发实施互联网化转型。

（2）外部推力：以电商平台为代表的企业为了更好地让消费者获得更为极致的服务体验，而推动快递行业向互联网方向转型。

未来随着以移动互联网、大数据、云计算等高科技技术为支撑的众包物流，在终端配送方面不断进行创新发展，快递行业有望从一个劳动密集型的重资产行业转变为资本及技术密集型行业。

5.1.2　众包物流平台需要考虑的 3 个问题

近两年，亚马逊、京东等电商巨头纷纷布局众包物流，专业级众包物流创业公司达达与速派得也获得了资本市场的巨额投资，在全球范围内掀起的这场众包物流浪潮正呈现出愈演愈烈之势。

"众包"一词最早由美国《连线》(《*Wired*》) 杂志提出，并表示："众包将会成为一场商业革命。"众包具有三个方面的特征：**在互联网的支撑下进行任务分配；所有人都可以成为众包价值创造者；提供服务者自主参与并协作。**

在消费者需求愈发个性化及市场环境瞬息万变的移动互联网时代，众包使企业具备了高效、灵活、低成本地进行资源整合及配置的绝佳途径。众包不仅在微观经济上带来颠覆性变革，更是对带动就业、抑制通货膨胀等具有十分重大的积极影响。

毋庸置疑的是，众包物流在未来具有广阔的发展前景，但我们也应该对众包物流遭遇的挑战给予足够的重视，如图 5-1 所示。

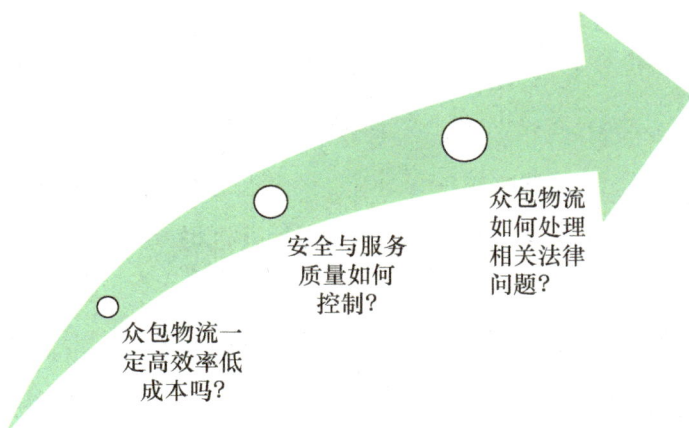

安全与服务质量如何控制？

众包物流如何处理相关法律问题？

众包物流一定高效率低成本吗？

图 5-1　众包物流平台需要考虑的 3 个问题

◆**问题一：众包物流一定高效率低成本吗？**

通过利用社会闲置运力资源分担运输任务，从而提高运输效率并降低成本是人们普遍认为众包物流的一大优势。但事实可能并非如此，据统计数据显示，目前众包物流需要为 3 公里以内的包裹按照 6 元 / 件的价格向那些"自由快递人"支付报酬。而国内的顺丰及"四通一达"等专业快递公司目前已经能够将 1000 公里以内的包裹的运输成本控制在 4 元 / 件。

之所以会出现这种情况，主要是因为二者的运作模式存在明显差异，很多时候众包物流配送人员运送 3 公里以内的包裹时往往只能运送一件或者几件，但专业快递公司配送 3 公里以内的包裹时往往可以同时运送超过 30 个快件。

亚当·斯密在著名的经济学名著《国富论》(《The Wealth of Nations》) 中提出："劳动分工能够推动经济增长。"对物流这种专业行业来说，在配送效率方面，那些众包物流的"自由快递人"的配送效率明显不如专业快递公司的全职配送员。

众包物流能提高配送效率、降低配送成本的观点不禁让人感到怀疑。和目前世界范围内兴起的互联网出行一般，众包物流更多是充分利用了社会的闲置资源，让更多的人参与到物流价值创造的环节中，很难说是低成本、高效率。

◆ 问题二：安全与服务质量如何控制？

众包物流很难对服务质量进行有效控制。众所周知，众包物流中的"自由快递人"与企业之前没有合同关系，很多人可能同时身兼数职，完全根据自己的兴趣爱好提供服务，这与顺丰、德邦这种专业的物流公司的员工存在巨大的差距。

在众包物流模式中，维系企业与"自由快递人"之间关系的主要是经济利益，后者并不会对企业产生认同感及归属感，随着一家企业的"自由快递人"数量不断增长，其遭遇的管理挑战将会越来越大。

众包物流公司的"自由快递人"素质参差不齐，很可能将会带来社会治安问题。目前在"自由快递人"的资格审查方面，急于扩大市场份额的众包物流创业公司并未给予足够的重视，甚至有些人在不同的众包物流平台中提交的是不同的身份信息，这种行业乱象很容易引发社会治安问题。

◆问题三：众包物流如何处理相关法律问题？

目前，众包物流除了不涉及分拣环节外，快递业务中的收寄、投递及运输环节都已覆盖。而我国的《邮政法》明确指出，**未经批准，任何个体及组织不得从事快递业务**。法律界人士表示，只要从事快递配送，都应该遵守这一法规，否则就涉嫌非法经营。对于众包物流的归属性问题目前我国监管部门尚未给出明确的答案。

近年来，监管部门在处理这种新兴模式时显得格外谨慎，既不能阻碍这种新兴模式为我国经济发展注入新的活力，又不能对可能破坏行业公平竞争的行为放任不管。从这一角度上看，众包物流可能存在着一定的法律风险。

在众包物流模式中，当货主的合法权益受到损害时，很容易出现责任界定问题。如果"自由快递人"在运输货物过程中发生交通事故受到伤害时，众包物流企业是否有赔偿责任？当"自由快递人"没有其他职业而为众包物流公司提供长时间服务时，众包物流公司是否应该为其缴纳社会保险？

以上这些都是众包物流存在的法律问题，新兴事物的发展确实需要给予足够的支持，但这必须在严格遵守法律法规的前提下，人们的合法权益更需要得到充分保障，要想让众包物流得以成功崛起，未来还有很长的一段路要走。

5.1.3 【案例】美团 VS 百度：布局众包物流的逻辑

2015 年 10 月，百度外卖在北京地区上线"众包物流"，意欲通过广大民众的普遍参与，来解决外卖配送成本高、时效差等方面的问题。据统计数据显示，仅几个月的时间，百度外卖就已经吸引了超过 5000 人成为其众包物流配送人员，未来随着百度外卖将众包物流模式向其他城市的推广应用，众包物流配送人员有望迎来爆发式增长期。

2015 年 12 月，美团外卖上线"美团外包"业务，与百度外卖选择先在某一城市作为试点所不同，美团外卖仅在宣布推出该业务一周后，就已经覆盖了国内的 36 座城市。美团官方给出的数据显示，2015 年 12 月 13 日，在众多众包物流配送人员的帮助下，当日累计配送订单总量达到 117612 单。而对那些专业众包物流平台而言，日订单量突破 10 万单的华丽数据，通常需要多年的运营积累才能实现。

自建物流的高成本问题是物流行业众所周知的一大痛点，背靠百度的百度外卖的确有资本尝试自建物流。如今外卖平台已经进入加速整合期，市场格局相对稳定，包括美团、饿了么在内的各大外卖平台，在经过一轮轮烧钱大战后开始冷静下来寻找变现途径。

对整个外卖市场而言，众包物流是否会成为行业进一步发展的强大推力？百度及美团布局众包物流的背后，又隐藏着怎样的思维逻辑？

◆ 美团：外卖与众包业务互为支撑

事实上，国内的众包物流公司有很多，达达、闪送、E 快送、51 送、人人快递、京东众包等都是典型代表。

虽然美团众包也是通过利用广大社会闲置运力资源，来为用户提供高效实时的配送服务。但其最大的特点在于，美团众包是以自身的产品"美团外卖"为核心的众包物流平台，后者提供的海量订单成为其发展的重要推动力量。

美团外卖为美团众包带来的先天优势，使后者能够在激烈的竞争中迅速发展壮大，无须像同类竞争对手一般要自己联系商家，日均订单量超过 300 万的海量订单足够使美团众包快速走入成熟期。

得益于有美团及美团外卖提供的品牌背书，那些拥有闲置运力资源的人们显然更容易认可并加入美团众包，而不是去选择加入那些刚成立的创业公司，因为这些创业公司通常既没有足够的业务量，也没有稳定的现金流。

◆ 百度：通过严格监管保证用户体验

随着百度在外卖领域投入资源并不断增长，百度外卖的市场规模获得了大幅度提升，这对于百度外卖的管理能力及服务能力会形成较大的挑战。

百度外卖众包物流最大的目的在于，及时高效地将订单运送到消费者手中，而且众包物流能够有效降低人力成本及管理成本。从百度外卖推出的众包物流在北京地区的试运营情况来看，众包物流配送人员也能够为广大用户提供优质的外卖配送服务，这也进一步提升了百度外卖发展众包物流模式的信心。

在人们的普遍印象中，由于众包模式中提供服务的人员与企业之间不存在从属关系，其不安全性与不确定性会大幅度增加，很难充分保障能为用户提供优质服务。为了解决这一问题，百度外卖的众包物流运用了驻点模式，每个驻点都会安排"骑兵长"负责对众包物流人员进行有效管理。为了加强监管力度，百度外卖还会邀请商家一起对众包物流人员进行监督。

为了打消人们的不信任感，百度外卖还对众包物流配送人员的服装进行统一，众包人员必须经过严格的培训后才能为用户提供服务。可以看出，虽然是众包模式，但为了渡过我国诚信体制缺失这段阵痛期，以用户服务体验为核心的百度外卖选择了对众包物流配送人员进行严格监管。

◆众包实质是共享和高效

随着众包物流的不断发展，未来将会创造出"满城尽是快递员"的局面。从物流配送人员的来源上看，百度外卖利用了社会中的闲置运力资源，让用户享受到极致高效的外卖配送服务。

美团外卖所采用的众包模式，虽然也对物流配送人员进行了高效利用，而且不用担心随着规模的扩大没有足够的业务支撑。但这种只服务自身平台的众包很像是一种内部人员在做兼职服务，仅是利用了众包的形式，却不符合众包模式开放、共享的内涵。当然，这对于美团自身的发展具有十分积极的效果。

对外卖平台而言，降低配送成本，为用户提供高效、及时的配送服务，固然是其发展众包物流的一大因素。但众包物流具备的高效及共享的本质，使其在未来必将在更为广泛的领域爆发出巨大的能量，这将为百度等善于进行跨界融合的互联网公司创造巨额的收益。

5.2 外卖 O2O 配送模式：自建物流 or 众包配送

5.2.1 【案例】到家美食会：自建物流模式

2010 年成立的到家美食会，早在 2014 年就完成了 5000 万美元的 D 轮融资。到家美食会创始人孙浩将公司的运作模式总结为"管理系统＋人工物流"，即用户在平台上下单，到家美食会相应服务范围内的管理人员会将订单交给餐厅，一段时间后将前往餐厅取餐，并送至用户手中。

简单地看，这种模式很像是承担跑腿的工作。但要让商家与消费者满意，绝非仅完成跑腿工作就行，首先需要充分保证食物的品质与时效性，避免用户订餐后几个小时后才能送到，让消费者体验不同的食物品质。到家美食会解决这一问题的途径是与餐厅建立合作关系，让后者优先处理到家美食会的订单，从而有效提升配送效率。

这也需要安排大量的配送人员，并且对配送人员进行专业培训。由于订单的位置比较分散，也不像传统快递物流一般有足够的时间来确定运输路线，配送人员在运送某一用户的订单时，有可能还需要在沿途中为另一个用户取餐并送餐，如何合理规划路线及接单等都需要配送人员具备专业知识及一定的经验。

管理与服务方面的问题也不能忽视。例如，由于餐厅订单过多，厨师的做饭速度很难让消费者及时享用，这必定会对用户体验带来严重的负面影响。到家美食会采用对餐馆接单量进行动态调节的方式，来解决订单过多导致送餐不及时问题。

如果餐馆的客人过多，无法充分保证配送速度时，负责对接这家餐厅的员工会向平台系统管理人员发送反馈信息，要求将这家餐厅暂时下架。

虽然人们不能在平台上购买这家餐厅的食物，但这与点餐后不能及时收到食物相比，会更容易被消费者接受。对于那些食物品质方面出现的问题，到家美食会采用先行赔付方式，当食物出现问题时，可以直接找到家美食会解决，不必耗费大量时间及精力与餐厅进行交涉。

在美国地区，外卖 O2O 服务已经十分完善，美国民众对外卖已经形成了消费习惯，绝大部分的餐厅都会安排店员专门负责为订餐人员提供配送服务。在一些美剧或者美国电影中，我们经常可以看到，身穿统一服装的餐厅店员驾驶着汽车为消费者配送比萨、蛋糕等食物。这些店员很多只是兼职，餐厅为他们支付的薪水通常很低，但他们通过收取客人的小费同样能够获得不错的收入。

在美国的餐厅就餐时，通常需要为服务人员支付 10% 左右的小费，而对于这种送餐上门的服务，小费的价格会更高。当然由于这些人大部分为兼职人员，餐厅也很难对这些人员进行管理。

但在国内市场中，美国这种外卖模式显然并不适合，国内民众通过外卖平台点餐的消费习惯培养时间相对较短。最早让部分民众培养出外卖消费习惯的商家是以麦当劳、肯德基为代表的快餐商家。当然，由于目前我国的生活节奏越来越快，人们可以用于自己做饭的时间越来越少，对于外卖 O2O 提供的送餐上门的餐饮服务，人们的接受程度也越来越高。

采用自建物流的到家美食会就等于是从餐厅中获得了外包业务，到家美食会可以利用从用户手中获取配送费、餐厅给予的优惠价格与平台价值之间的差价获取收益；餐厅不需要向到家美食会支付服务费用，也不用承担配送人员的人力成本，而且还能够增加交易额。

对自建物流模式来说，服务区域的选择及划分也是需要解决的重点问题。人口较多，但餐厅数量相对较少的区域并不适合发展外卖 O2O 业务；餐厅数量较多，但白天基本上只有老人及儿童的小区也不适合；由于送餐时间的限制，那些需要经常穿过交通拥堵的城市主干道的区域也要尽量规避。

此外，到家美食会在向不同的市场扩张时会对那些合作餐厅进行筛选。在北京地区，到家美食会会选择受到当地用户青睐的郭林、金鼎轩等连锁家常菜餐厅；在上海地区则会选择当地民众比较喜欢的个性化或者老牌餐厅等。

在餐厅的选择上，往往需要经过长时间的运营积累才能真正和用户需求做到高度匹配，虽然借助互联网强大的连接能力及智能化、自动化的系统平台能够有效提升产品销量，但是在外卖市场中成功突围的关键始终是为用户创造价值。

5.2.2 【案例】爱鲜蜂：众包配送模式

外卖给人们生活及工作带来的便利自然毋庸置疑，以前人们迫于生活或工作的压力可能没有时间亲自前往那些自己比较青睐的餐馆享受美食，而现在人们只需要通过自己手机上的各种外卖应用，即可让配送人员将美食送到自己手中。

不难发现，近两年使用外卖应用的用户数量越来越多，似乎人们对享受这种方便快捷的外卖服务已经形成了习惯，以至于几家外卖平台的补贴力度明显下降，以前免费的配送服务如今也开始收取费用。

随着外卖领域竞争的激烈程度不断加剧，这些外卖平台怎样在资本寒冬中成功突围，他们又借助何种方式俘获消费需求日益个性化及多元化的广大年轻用户？

在外卖 O2O 市场配送方面，虽然自建物流需要承担较高的成本，但其凭借着优质的用户服务体验也得到了业内人士的认可；而降低运营成本、提高配送效率的众包配送，则被认为是未来外卖 O2O 发展的主流趋势之一。

和到家美食会不同的是，爱鲜蜂虽然也为消费者提供餐饮配送服务，但其为消费者配送的产品并非是正餐，而是在办公室或者宵夜时人们经常吃的零食。爱鲜蜂通过"众包＋产品"模式为消费者提供优质的餐饮配送服务，爱鲜蜂没有雇佣物流配送人员，也没有选择与其他物流商进行合作，其平台订单的配送任务完全是由与之合作的商家提供的。

零食的供应者也就是爱鲜蜂的合作商家，通常是位于各个地区的便利店及小型商铺，用户下单后的订单将会按照就近原则分配给合作商家，如果备货不足或者运力资源不足，合作商家只需要将信息反馈至爱鲜蜂平台，后台系统会向其他商铺发送订单信息。

和自建或者租用仓储中心相比，便利店及小商铺的数量更多，相应速度会更为及时，而且这种基于商家地理位置的同城配送（可以精细化到社区）提供的产品也能更好地满足用户的消费需求。

当然，爱鲜蜂所采用的低成本、高效率的"众包＋产品"模式也存在着一定的不足，即产品供应链不稳定。为了解决这一问题，爱鲜蜂借助产品渠道及利益分成的模式激励便利店积极为用户提供优质服务。例如，爱鲜蜂和中粮集团进行合作，为合作商提供一些独家产品，这种产品不但品质较高，而且在价格方面也具备较大的优势。这在将便利店转化为爱鲜蜂的产品渠道商的同时，也使便利店获取更多的利润。

虽然，到家美食会与爱鲜蜂在提供的产品及配送方式方面存在着明显的差异，但二者对用户服务体验却都给予了充分重视，这是因为在激烈竞争的外卖 O2O 市场中，用户服务体验将会成为企业被用户所认可的核心因素。在互联网企业的不断努力下，国内消费者接受优质内容及为高品质服务付费会越来越高，未来能够提供高品质服务的外卖 O2O 平台有望成为新的互联网巨头。

5.3 【案例】京东到家：O2O 战略背后的众包模式

5.3.1 京东到家背后的物流支撑体系

京东集团推出的 O2O 生活服务平台"京东到家"，如图 5-2 所示，依靠京东在电商领域的丰富实践经验及组织管理方面的优势，通过网络化手段实现线下各种资源之间的贯通。从某种程度上来说，也体现出线下渠道及网络平台的一体化发展，是双方的折中与让步。

图 5-2　京东到家 APP

所有商家都不是完美无缺的，他们在不同类型的资源上存在短板，相比之下，通过互联网应用开辟不同于以往的新道路来实现线上线下一体化运营更具优势。从宏观角度来分析"京东到家"的一体化运营，最为直接的表现就是订单的分布方式。具体而言，订单分布最为集中的时段是上午 10 点至下午 4 点，从外卖运营者的角度来分析，无疑给其带来巨大的挑战。

立足于整体层面来分析物流行业的发展，大规模的促销活动能够导致大批订单积压。例如，电商平台在"双 11"期间举办促销活动，有可能超出物流团队所能承受的最大工作压力。另外，恶劣的天气给外卖及配送工作带来了巨大挑战，"京东到家"也不例外。特别是南方的多雨季节，这样的天气对配送员来说本身就是考验，然而，若用户无法在预定时间内收到包裹，其体验无疑会大打折扣。

采用 O2O 的物流平台与采用 B2C 的物流企业的区别之处就在于此。相比之下，采用 B2C 模式的企业，其配送业务比较集中，在运营过程中不会出现中断现象。不同的是，采用 O2O 模式的平台，其配送业务的集中化程度较低。

圆通速递、申通速递、中通速递及韵达快递公司的配送员，平均每天完成的配送订单在 160 ～ 180 个，总体规模相当大，相比之下，绝大多数采用 O2O 模式的配送企业，除了在特殊情况下（如商家搞促销活动、特殊节日等）的订单量较高之外，其配送员平均每天完成的订单量比较均衡。

另外，在终端配送环节，采用 B2C 模式的物流企业能够将配送成本控制在 1 元的水平上，相比之下，采用 O2O 模式的平台，其终端配送的平均成本超出 7 元，以京东为例，该平台的终端配送成本为 6 元，远远高于 B2C 物流企业。

物流众包能够整合广大用户的闲暇时间，鼓励他们以兼职形式担任配送员，从而有效降低专业物流运营所需的大规模成本消耗。相比之下，京东用于物流管理及专业监察的成本超出很多小规模及初创企业的负担能力，在这种情况下，众包模式成为此类企业的首选，通过该模式的实施来实现多方资源的整合利用。

如今"京东到家"采用的模式，即能将多方资源聚合到同一个平台上，无论是京东本身的专业配送人员，还是各行各业的大众群体、有充裕时间的中老年人，都可以参与配送工作。不过，要让中老年人承担配送工作，恐怕并不容易。然而，该模式确实能够把分散在各个领域中、有闲暇时间的用户集中起来，实现社会资源的优化配置。

但在具体实施过程中，为了保证配送业务的正常开展，还是要引入部分全职配送人员，如此一来，才能避免出现运营中断的现象。京东在采用众包模式的初期发展阶段，在北京组建了 500 支专职配送队伍，由全职员工负责业务启动，与此同时，不断纳入外部人员，实施众包模式。平时通过自己拥有的全职员工来维持基本的业务运营，当高峰期来临时，则可充分发挥兼职人员的作用。为了调动兼职配送人员的工作积极性，还可以尝试在不同时期对价格进行相应调整，例如，在高峰期提高兼职配送人员的报酬。

物流企业可通过这种方式降低末端配送的成本，当配送需求处于高峰期时，对配送工作本身及传统运营方式都带来很大挑战，为了有效应对这种变化，要对资源分配进行重新规划，通过提高员工工作效率来维持自身运转。

从总体上来看，"京东到家"的运营离不开其与物流平台之间的对接，它能够将全部订单转移至物流平台，并承担相关的配送工作。不过，在现阶段，只有通过京东专业的移动应用程序，才能参与其运营体系之中。

京东之所以采用这种模式，是因为其认识到了订单资源的重要性。在其发展过程中，数据收集及分析发挥着十分关键的作用，由此可见，随着该领域的进一步发展，同类企业之间的比拼，更多的是平台之间的较量，同时也是各大体系之间的激烈争夺。

5.3.2　启示：如何运营众包配送模式

◆众包物流的三级运营模式

在整个竞争过程中，"京东到家"采用全职与兼职相结合的模式，平台运营方及设计人员需要关注的是，怎样处理全职与兼职之间的协作关系，通过两者之间的配合及补充，提高整体运行效率。

为了避免在后续发展过程中恢复传统模式，必须保证开放的新型网络体系能够获得持续性发展。为此，要围绕京东众包展开运营。

"京东到家"在实施众包模式的早期阶段，对下列三级运营模式进行了分析，如图 5-3 所示。

```
┌──────────┐    ┌──────────┐    ┌──────────┐
│ 基础模式  │ ⇒ │ 二级模式  │ ⇒ │ 三级模式  │
├──────────┤    ├──────────┤    ├──────────┤
│ ● 两点之 │    │ ● 涉及多 │    │ ● 大量订 │
│   间的直 │    │   点订单 │    │   单需要 │
│   接配送 │    │   整合的 │    │   中转环 │
│          │    │   配送   │    │   节的配 │
│          │    │          │    │   送     │
└──────────┘    └──────────┘    └──────────┘
```

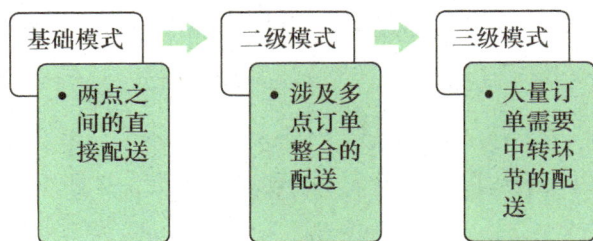

图 5-3　众包物流的三级运营模式

（1）**基础模式**：基础性运营方式是两点之间的物流配送。具体而言，物流平台会接收从需求方传来的信息；将货品从某个地方运送至另一个地方。所有物流运营方式都是以此为前提发展而来的。

（2）**二级模式**：这是在整合订单资源的基础上进行运营。对不同订单资源进行系统化处理，实现分散资源的集中。在创建并运营此类物流应用平台时，需关注以下几方面问题：怎样实现不同订单的整合；如何把零散的订单集中起来进行配送；通过什么方式完成配送工作，等等。

（3）**三级模式**：在配送业务达到一定规模时，在各级区域建设物流服务中转站点或分支机构，从而提高配送效率，但相应地，成本消耗也会有所增加。目前，这个模式还只是停留在理论层面的研究。

现阶段，京东的实践仅限于两点之间的物流配送服务，至于后两种运营模式，都还有待进一步探索。未来，当京东实现了物流服务中转站点或分支机构的建设时，整个物流市场可能呈现出新的面貌，届时，京东的 B2C 物流系统及 O2O 系统可能实现对接。到时候，就能确保配送的准时及高效。

在整体运营过程中，京东尝试利用由人力资源体系、组织体系等共同构成的 B2C 管理体系来吸纳专业人才。因此，京东在实施众包模式的过程中，其对外延伸的速度要超出许多同类企业，原因就在于，京东构建了完善的物流管理及操作系统，能够实现人力资源的优化配置。

从京东 B2C 向 O2O 转化是具有可行性的，虽然京东实施线上线下一体化运营的方式比较独特，但在实际发展过程中，其需要解决的问题与同类企业之间存在共性。

◆ **众包物流的 3 个层级**

物流企业的发展可以分为以下 3 个层次，如图 5-4 所示。

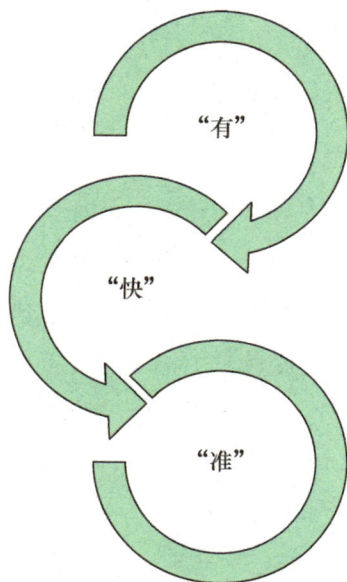

图 5-4　众包物流的 3 个层级

（1）**"有"，即在没有物流服务的地方建立物流企业及服务平台。** 举例来说，有些偏远地区（如西藏）的物流建设要晚于其他区域。

（2）**"快"，即提高物流运营效率。** 物流的时效性是衡量其服务水平和质量的主要因素之一，因此顺丰才能在国内众多物流企业中脱颖而出。

（3）**"准"，即提高准确性。** 时间方面的准确是主要参考标准，除此之外，还要保证到达需求方指定的准确地点，即在预定的时间内确保用户能收到货品。在传统的 B2C 模式下，要提高准确性，就要依靠收货宝代收，或需用户支付相应的快递费用。从某种程度上来说，这并不能从根本上提高准确性。真正实现物流配送的准确性，要求配送人员能够在预定时间段内到达指定地点，O2O 物流是能够提供此类上门服务的方式。

到 2015 年，京东已经在北京建设了 200 个物流站点，在贯彻实施 O2O 模式的前提下，其整体物流运营便能提高准确性，不过，物流体系自身的改革及升级是在短时间内无法完成的，但上述描述的运营模式，确实是京东追求的最终效果。

要实现物流与互联网之间的结合，就要运用互联网手段来改革传统物流。在这个过程中，要注重与物流相关的标准体系的建设，而不同的物流平台，其采用的标准体系也并非完全一致的。若是由阿里巴巴来进行物流建设及运营，可能是利用智能化的中控系统来进行组织管理，其发展也要经历漫长的时期才能进入成熟阶段。

此外，为了依托互联网优势对传统物流进行改革，强化对物流的管理，提高整个体系的运营效率，京东试图将客户端运营及前期运营结合起来，并采用 O2O 模式打通线上及线下，这也是"京东到家"的一项重要发展规划。

第 6 章

跨境物流：
"互联网 + 外贸" 时代的物流新战略

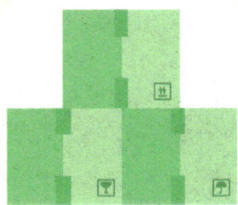

6.1　跨境电商物流的发展现状、运作模式及对策建议

6.1.1　我国跨境电商物流的发展现状

近年来，跨境电商在中国市场发展势头尤为迅猛，在蜜芽、天猫国际、京东全球购等诸多跨境电商平台的推动下，大量的国内消费者购买到了来自全球各个地区的优质产品。跨境电商同样有 B2B、B2C 及 C2C 等模式之分，目前市场中较为主流的模式是 B2B 及 B2C。

由于跨国进出口贸易需要涉及国际结算、国际运输、物流保险及进出口通关等诸多环节，而且也存在着较高的风险性及安全性问题，这就使得跨境电商与普通的境内电商存在较大的差异。对于诸多国内企业而言，跨境电商无疑为它们提供了更为广阔的发展空间，例如，能够发掘海外市场的消费需求，针对跨境电商的某一环节提供增值服务等。

整体来看，移动互联网向各个领域的不断渗透及经济全球化的不断深入，使得跨境电商为诸多国内企业的发展提供了无限的可能。我国跨境电商市场规模十分庞大，而且近年来以较高的速度保持高速增长，与此同时，

跨境电商物流需求也在短时间内迎来爆发式增长，从而对现有物流企业的全球配送能力提出了巨大的挑战。

诚然跨境电商的快速崛起为物流产业提供了巨大的想象空间，但在目前国内的物流企业中，鲜有能够为跨境电商消费者提供个性化及标准化的物流配送服务的第三方服务商。此外，由于涉及各个国家进出口贸易政策及市场环境的差异，跨境电商行业从业者尚未找到一种应用范围广、低成本、高效率的跨境电商物流运作模式。

作为物流产业的一个新风口，跨境电商物流以其较高的增长速度及广阔的发展前景，受到了各路玩家的追捧。但对物流从业者而言，跨境电商物流还是一个较为新的领域，存在着诸多亟须解决的行业痛点。

跨境电商在欧美等发达国家起步较早，以 eBay、亚马逊为代表的电商平台积极实施的全球化战略有力地推动了跨境电商走向成熟。而且这些国家的物流基础设施建设也相对比较完善，从而为跨境电商平台的发展提供了强有力的支撑。在这种优良的电商环境中，发达国家的跨境电商物流产业发展速度与成熟度等都具备较大的领先优势。

具体来看，目前我国跨境电商物流产业主要存在以下几个方面的问题，如图 6-1 所示。

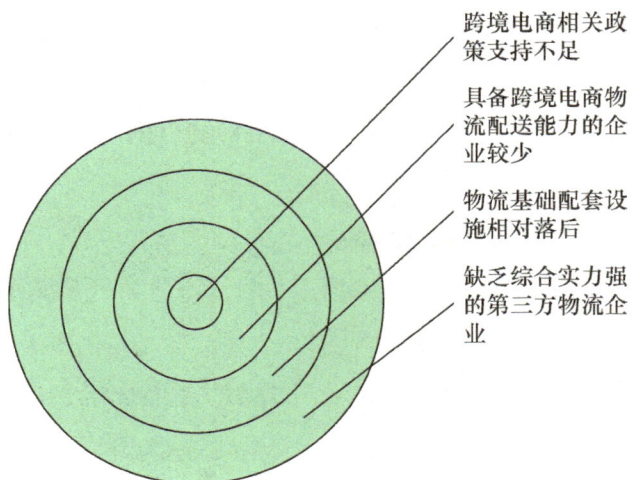

跨境电商相关政策支持不足

具备跨境电商物流配送能力的企业较少

物流基础配套设施相对落后

缺乏综合实力强的第三方物流企业

图 6-1　我国跨境电商物流产业面临的主要问题

◆ 我国跨境电商相关政策支持不足

跨境电商在我国起步相对较晚，但由于受益于中国电子商务的蓬勃发展，也孕育出了阿里这种跨境电商行业巨头，虽然在阿里的电商版图中跨境业务所占的比重仍相对较小。

近年来，我国政府部门也出台了一系列跨境电商政策，例如，2013 年，商务部出台的《关于实施支持跨境电子商务零售出口有关政策意见的通知》；2014 年 7 月，海关总署发布的《关于跨境贸易电子商务进出境货物、物品有关监管事宜的公告》；2015 年 6 月发布的《国务院办公厅关于促进跨境电子商务健康快速发展的指导意见》；2016 年 3 月发布的《关于跨境电子商务零售进口税收政策的通知》等。

从国家出台的这一系列政策来看，我国政府在积极扶持跨境电商这一新兴产业的发展，在海关、税收、仓储、检验检疫等诸多方面出台了相应的政策。但与发达国家相比，我国在跨境电商扶持政策方面仍存在较大的不足，这使得国内跨境电商平台及物流企业的发展受到了一定程度的阻碍。

◆ 具备跨境电商物流配送能力的企业较少

我国的跨境电商市场存在着巨大的市场需求，从很多国内出国旅游爱好者在海外疯狂扫货的行为中就能略窥一二。但我国具备跨境电商物流配送能力的企业相对较少，大部分的跨境物流配送都要依赖国际快递公司。

庞大的市场需求，仅靠少量的国际快递公司还远远不够，在节假日等跨境购物订单爆发期，爆仓、快件损坏及丢失等问题频发，从而极大地限制了跨境电商产业的进一步发展。

◆ 我国物流基础配套设施相对落后

我国的物流基础配套设施相对落后，物流企业数量多、规模小，未能形成具备较强影响力的产业集群，而且在行业标准的制定上也走得举步维艰。

由于跨境电商物流环节较为复杂、耗费的时间相对较长，为了能够尽可能地缩短运送时长，必然要通过完善的物流基础设施打造出高度成熟的物流配送体系。我国的物流产业的信息化程度不高、高端物流设备普及率较低等方面的问题，对跨境电商物流产业的发展带来了较大的阻力。

◆ **缺乏综合实力强的第三方物流企业**

虽然我国的物流企业数量众多，但具备较强综合实力的第三方物流企业却屈指可数。很多物流企业认识到了跨境电商物流市场广阔的发展前景，但由于自身实力所限，当下也只能专注于国内物流服务。

在国际快递服务方面，市场中现有跨境电商物流服务商也只不过将其作为一种普通的快递业务，没有面向跨境电商卖家开发出专业的跨境物流服务。目前，能够为我国跨境电商消费者提供国际快递服务的海内外企业包括顺丰速运公司、中国邮政速递、联邦快递公司、敦豪速递公司、联合包裹服务公司等。

从跨境电商产业的长期发展来看，为广大跨境电商消费者提供专业的跨境物流服务十分必要，不但能够让相关企业在市场竞争中建立较强的品牌影响力，更能有效推动我国跨境电商及物流产业的整体发展水平。

6.1.2 我国跨境电商物流的运作模式

在市场竞争十分激烈的当下，为了能够为广大消费者提供更为优质的跨境物流配送服务，并有效降低跨境物流成本，很多跨境电商企业选择自建物流或者与第三方物流公司进行战略合作，通过创新跨境电商物流运作模式来构建较强的核心竞争力。

具体来看，我国的跨境电商物流运作模式主要有以下三种。

◆ **"单一"跨境电子商务物流模式**

在这种模式中，海外上游供应商会将跨境电商企业需求的产品运送至后者在海外的物流配送中心，配送中心负责商品备货及仓储管理等。当收到电商平台发送的订单后，配送中心就会进行拣货、包装及出货，将订单所需的商品以单件包裹的形式交付给具备跨境物流服务能力的国际快递公司，如图6-2所示。

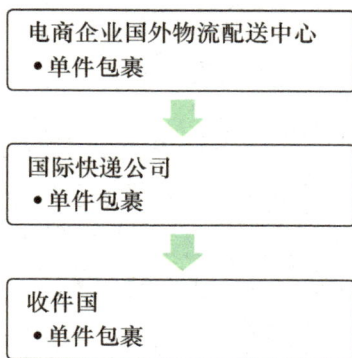

图 6-2 "单一"跨境电子商务物流模式

这种运作模式不需要跨境电商企业建立专业的转运物流配送中心，而且不用考虑收件国对于跨境包裹的特殊规定，因为这将由专业的第三方国际快递公司全权负责。由于这些国际快递公司在跨境物流配送领域深耕多年，其在通关及报税等方面往往具备较大优势。此外，由于包裹是进行单件配送，不需要积累足够规模的订单后再交给国际快递公司，从而有效降低了配送时间成本。

但这种模式也存在着一个十分明显的短板，即国际快递公司对于单件快递收取的运费十分高昂。除了那些利润相对较高的奢侈品、艺术品等，跨境电商企业几乎不会采用这种配送方式。

◆ "两段中转"跨境电子商务物流模式

在该模式中，跨境电商企业的海外供应商首先将商品配送至电商企业在海外的配送中心，收到订单后，配送中心进行拣货、包装及出货，这些与上一种模式完全相同。但这种模式需要配送中心对订单及包裹进行整合，将货物通过快递公司整批运送到海外的转运中心。海外转运中心收到货物后会将整批货物进行拆分，而后以单件包裹的形式交付给国际快递公司运送至目的地。

由于这种模式包含两段运输路程，且转运点位于转运国，所以业内将其称之为"两段中转"跨境电子商务物流模式，如图 6-3 所示。它不需要跨境电商商家考虑收件地的特殊政策，而且由于能够整合大量的单件包裹，也能够明显降低物流成本。

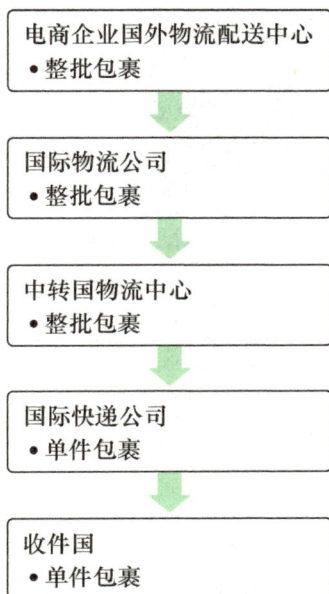

```
┌─────────────────────────┐
│ 电商企业国外物流配送中心      │
│ • 整批包裹                │
└─────────────────────────┘
            ↓
┌─────────────────────────┐
│ 国际物流公司               │
│ • 整批包裹                │
└─────────────────────────┘
            ↓
┌─────────────────────────┐
│ 中转国物流中心             │
│ • 整批包裹                │
└─────────────────────────┘
            ↓
┌─────────────────────────┐
│ 国际快递公司               │
│ • 单件包裹                │
└─────────────────────────┘
            ↓
┌─────────────────────────┐
│ 收件国                    │
│ • 单件包裹                │
└─────────────────────────┘
```

图 6-3 "两段中转"跨境电子商务物流模式

当然这种模式也存在一定的缺陷，如运输方案相对复杂，同时涉及单件运输与批量运输，对国际快递公司的配送能力也提出了极高的要求；消费者查询物流信息时，需要分成两个阶段；由于商品需要通过转运国进行转运，从而造成配送时长进一步增加。

◆ "两段收件"跨境电子商务物流模式

这种模式也是由海外供应商将商品配送至跨境电商企业位于该国的配送中心，收到订单后，配送中心对商品进行分拣、包装及出货，而且还要根据目的地将其整合为不同的整批货品，然后交给国际快递公司负责运送到目的地的物流配送中心，物流配送中心再对整批货品进行拆分，然后使用当地的运力资源将包裹运送到目的地。

该模式也同时包含整批运输及单件运输，且转运点位于收件国，所以业内将其称之为"两段收件"跨境电子商务物流模式，如图 6-4 所示。

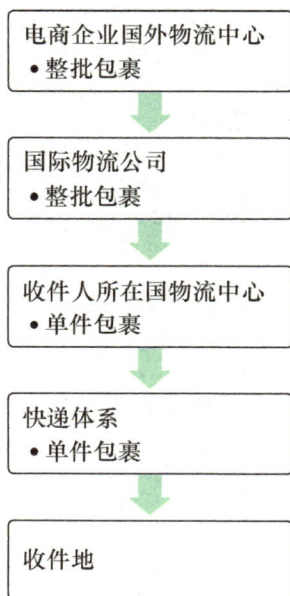

```
┌─────────────────────────┐
│ 电商企业国外物流中心      │
│ • 整批包裹               │
└─────────────────────────┘
          ↓
┌─────────────────────────┐
│ 国际物流公司             │
│ • 整批包裹               │
└─────────────────────────┘
          ↓
┌─────────────────────────┐
│ 收件人所在国物流中心      │
│ • 单件包裹               │
└─────────────────────────┘
          ↓
┌─────────────────────────┐
│ 快递体系                 │
│ • 单件包裹               │
└─────────────────────────┘
          ↓
┌─────────────────────────┐
│ 收件地                   │
└─────────────────────────┘
```

图 6-4 "两段收件"跨境电子商务物流模式

同样，该模式也整合了大量的单件包裹，可以有效降低物流成本，而且由于使用目的地国家的当地快递体系完成配送，在成本方面会更具优势。不过，该模式需要跨境电商企业在收件人所在国家建立物流配送中心。

受到世界各国物流产业发展水平的影响，跨境电商企业很难给消费者明确的包裹预计到达时间，物流信息查询同样分为两个环节：一个是国际快递公司运输环节；另一个是收件地本土快递运输环节。

毋庸置疑的是，电子商务与物流之间是相辅相成的关系，电子商务的发展需要有强大的物流体系提供支撑，物流产业发展水平的提升也需要电子商务给予强大推力。由于我国的物流产业整体发展水平不高，在物流基础设施建设及高科技设备方面仍存在明显不足，在跨境电商物流方面的重视程度与发达国家相比仍存在一定的差距，从而使我国的跨境电商物流成本较高，难以给消费者带来良好的购物服务体验。

为了解决这些问题，需要物流领域尤其是跨境电商物流领域的相关从业者携手努力，对跨境电商物流的运作模式进行创新发展，推动跨境电商物流以更低的成本、更高的效率运作，为我国跨境电商物流产业走向成熟注入源源不断的活力及发展动力。

6.1.3　如何完善跨境电商物流的发展

◆健全跨境电子商务物流的法律机制

我国在跨境电商产业的法律法规方面仍存在着较大的空白。完善的法律机制，能够驱动跨境电子商务及其物流更为健康、稳定发展，从而为我国经济的发展增添新活力。

现阶段，我国亟须出台一系列法律法规来对跨境电商物流的通关、税收、仓储、配送及企业监管等进行有效规范。无论对于广大消费者，还是对于相关企业，跨境电商物流法律法规的出台都具有十分重要的意义。为此，政府部门需要进一步加快跨境物流监管政策的落地进程，对跨境物流配送过程中的一系列流程进行有效规范，出台相应的资金、税收、土地等方面的扶持政策来推动这一新兴产业能够快速、稳定地走向成熟。

◆建立电子商务企业物流战略联盟

自建物流的运作模式需要投入海量的资源，对于很多中小跨境电商企业而言，这种模式并不现实。但跨境电商企业可以通过合作打造物流战略联盟，提升自身的跨境电商物流服务能力。

以跨境出口业务为例，多家跨境电商企业共同出资在海内外建立多个物流仓储中心，联盟中的每个成员都可以将自己销往国外的商品存储在国内的物流配送中心。当收到海外买家的订单后，配送中心对这些订单进行整合，将相同目的地的包括整批商品运送到目的地国家的物流配送中心，而后通过当地第三方物流公司运送到海外消费者手中。

◆ 第三方物流企业提供专业化的物流服务

提供专业级物流服务的第三方物流企业，能够为消费者提供优质完善的第三方物流配送服务。虽然我国存在着大量的第三方物流服务商，但却鲜有企业具备为跨境电商提供专业级服务的实力。

跨境电商物流与普通的境内物流相比，流程更为复杂、产业链中的参与者更多，而且还要受到各个国家不同法律法规的限制，导致跨境电商物流的运作变得极为困难。这需要国内的物流企业投入巨大的资源，来完善自身的跨境物流服务能力，引入更多的先进设备及管理经验，提升跨境物流运作效率，并有效降低物流成本。

◆ 开展海外仓储方面的相关布局

从跨境电商行业发展现状来看，在海外仓储方面主要分为自营及外包两种运作模式。其中外包仓储在跨境电商企业中的应用更为广泛，这种模式是由海外仓储服务商为跨境电商企业提供海外货品的仓储、配送等方面的服务。由于其成本相对较低，十分适合那些正处于起步阶段的国内跨境电商创业企业。

而对于那些具备较强实力的跨境电商企业来说，由于其在资金、人才等方面具备较强的领先优势，从而可以将自身的资源及精力放在提升消费者的购物服务体验、市场份额、库存管理、闭环生态构建等方面，海外仓储自营是其更为理想的选择。

6.2 进口跨境电商的物流选择：直购进口与网购保税

6.2.1 直购进口与网购保税运作模式

随着我国跨境电商市场的蓬勃发展，不仅天猫国际、亚马逊等综合性电子商务平台积极布局跨境电商业务，如蜜芽、洋码头之类的垂直进口电商也不断涌现。**进口跨境电商业务模式分为"直购进口"和"网购保税"；物流配送则包括境外货源的采购和组织、跨境运输与配送两大业务环节。**

下面我们就对"直购进口"和"网购保税"两种业务模式下的物流配送环节，适用商品内容等进行探析，如图 6-5 所示。

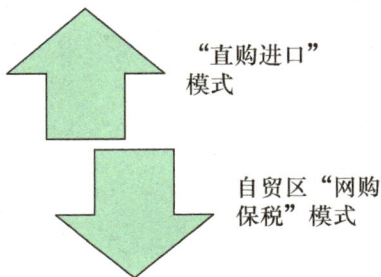

"直购进口"
模式

自贸区"网购
保税"模式

图 6-5　进口跨境电商业务模式

◆ **"直购进口"模式**

即天猫国际、洋码头等平台型跨境电商直接将海外第三方商家的产品引入平台进行销售，国内消费者在这些平台下订单后，海外商家通过邮件、快件等方式将货品运送到境内。国内多数进口跨境电商平台都是采取这一模式。

（1）境外货源的采购与组织

国内进口电商平台将海外第三方供应商引入平台，这些供应商根据客户下达的交易订单直接从海外市场中进行商品采购。

（2）物流配送和通关

商家根据客户的订单需求在海外仓库中进行配货集货，然后通过国际快递直邮或者通过合作的物流转运公司、国际航空公司等将商品送达到国内消费者手中。对消费者来说，可以在商品通关时获得诸多绿色通道服务，如跨境网购时参考个人邮递物品预缴税费、与传统快件区分核放、商品入境时自动扣缴费等。

随着进口跨境电商市场规模不断拓展，越来越多的国内快递公司开始将眼光放在了跨境物流领域，积极布局国际转运业务。例如，2013 年 11 月，申通快递在美国成立了转运公司；2014 年 4 月，顺丰快递美国转运公司旗下的海购丰运平台正式对用户开放注册；此外，中通、圆通、韵达、百世网络、宅急送、苏宁云商等众多快递公司也获得了国际物流业务经营许可证。

◆ 自贸区"网购保税"模式

与"直购进口"模式相比，自贸区"网购保税"是近两年兴起的一种创新性的进口跨境电商运作模式。电商首先批量化地将海外商品提前采购到国内保税区内，当在线上平台收到客户订单后，便可直接从保税区预存的商品中拣选、配送、报关，从而将商品快速、安全、准确地送达客户手中。

2013 年开始，上海、杭州、宁波、郑州、广州、重庆六个城市开始建立自贸区，试水"网购保税"业务模式。商家在消费者下达订单后进行商品的拣选、配货，并以个人物品清关发货。这种依托海关与邮政快递合作的物流配送和通关形式，使商家只需缴纳行邮税即可，从而大大降低了进口环节的赋税成本。

（1）境外货源的采购与组织

母婴用品、化妆品等是当前进口跨境电商交易的主流商品，而大多数海外品牌商为保障经销商利益、避免产品价格出现较大波动，并不愿意对国内规模和实力不足的电商平台进行直接授权。因此，"网购保税"业务模式下电商平台在货源方面一般采用直接与海外供应商合作的 B2C 模式，或者派人到海外市场进行批量采购。

（2）物流配送和通关

"网购保税"模式下的前向运输与传统进口贸易类似，电商首先从海外市场中批量采购相关商品，并运送到国内保税区存储，形成进境备案清单；当客户下单商品订单后，电商根据客户需求对保税区的商品进行拣选、包装、报关、配送，从而更快速地送达客户手中。

对电商来说，这种模式一方面可以实现商品的整进散出和集中报关，从而大幅缩减跨境电商交易的物流与赋税成本；而海关、检验检疫等部门对商品在保税区出入境过程中的严格监管，又有效保障了商品质量。

另一方面，由于"网购保税"模式下电商企业提前将海外商品集中采购并存储到了国内保税仓库中，因此可以在消费者下达订单后更加及时、高效、准确地将商品送达客户手中；同时，保税区内充足的货源储备也能够为客户提供更优质的退换货等售后服务。

6.2.2 进口跨境物流的两大模式对比

随着电子商务整体生态的优化成熟，越来越多的国内消费者开始借助跨境电商模式直接从海外购买喜欢的商品，从而进一步推动了近些年快速崛起的跨境电商的发展。简单来看，跨境电子商务是指处于不同关境的交易主体通过电子商务平台直接对接沟通，进行交易和支付结算，并通过跨境物流服务完成交易货品配送的一种国际商业活动形态，包括境内境外物流、仓储、支付、报关报检、税务、收结汇等流程。

跨境电子商务主要分为 B2B、B2C 两种模式。前者主要通过有效的网络服务实现交易双方的精准高效对接，而跨境交易的具体操作和报关等业务内容仍在线下完成，并归入海关一般贸易统计范畴，如图 6-6 所示；后者则直接在线上平台进行商品交易和支付结算，并通过航空小包、邮寄、快递等方式进行物流配送，报关环节也由邮政或快递公司负责，如图 6-7 所示。在上海自由贸易区中，B2C 跨境电商模式被纳入登记号"9610 跨境电子商务"中进行统计。

在传统"海淘"模式中，消费者在海外购物网站购买商品后，货品首先交给境外华人转运公司仓库，然后转运公司通过航空公司进行跨境运输和通关，并委托国内快递公司将商品送达客户手中。这显然增加了商品物流配送环节的不确定性，容易造成物流延迟、商品破损等现象；同时，监

管机制的缺位也造成了售后服务难以得到有效保障。与此不同，进口跨境
电子商务平台则在很大程度上解决了传统海淘模式中物流不稳定、退换货
难等跨境购物痛点。

图 6-6　"直购进口"模式业务流程

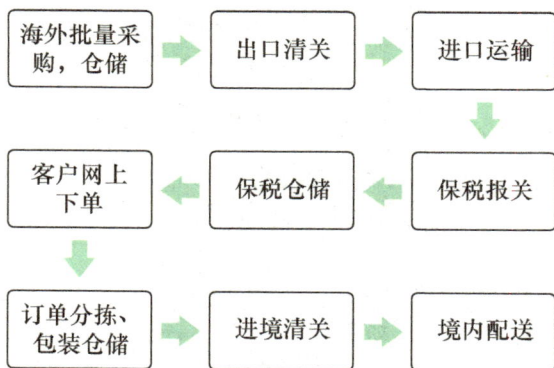

图 6-7　自贸区"网购保税"模式业务流程

◆ "直购进口"模式和"网购保税"模式对比

"直购进口"模式下跨境电商平台中入驻的海外第三方商家较多，因此
与"网购保税"模式相比，能够为客户提供品类更多、更全的商品选择。
如"天猫国际""洋码头"等跨境电商平台直接引入大量的海外第三方供应
商，亚马逊海外购则直接通过美国亚马逊进行货品的采购、配送。

不过，"直购进口"模式是客户下达订单之后再进行采购和运输配送，
因此在物流速度、效率和时效性方面无法与"网购保税"模式相比；同时，
"网购保税"模式的批量化采购、运输和报关大幅降低了电商物流与赋税成

本，具有价格优势，因此越来越多电商平台的跨境自营业务以及平台中引
入的第三方商家开始采用此种业务模式，如蜜芽、京东全球购等。

在商品品类方面，"直购进口"业务模式比较适用于价值较高或个性化
的商品，如箱包手袋、服装、专业书籍等；"网购保税"模式则更加适用于
母婴用品、食品等标准化商品。

◆ 跨境电商物流配送的发展趋势

（1）流程趋于规范化，信息化程度提高

传统海淘中，很多小型物流转运公司常常采用不规范的转运操作，甚
至为了获得更多利益而逃税，这显然增加了物流配送过程中的不确定性和
风险，特别是在包裹被海关查验扣留时会大大延迟商品送达的时间。同时，
电子商务网站和物流转运公司之间的"信息孤岛"也会造成物流公司无法
准确、及时地追踪商品物流状态。

跨境电商贸易的快速发展推动了我国海关部门在海淘市场监管方面的
不断优化完善，这又反过来促逼着"直购进口"等跨境物流转运业务从不
规范、无序走向规范化、有序化。

具体来看，物流公司要进一步规范业务操作流程，通过自身业务系统
与电商网站的对接实现信息资源的共享、互通、整合，从而使物流企业、
电商网站和商家完成订单交易信息、商品物流信息以及支付信息的"三流
合一"；同时，将包裹数据信息共享到相关平台，物流公司、商家、顾客等
可以实时精准地掌握商品物流状态，从而提高跨境物流的信息化程度。

此外，物流公司规范转运业务流程，主动报关并对接海关信息流，有
利于更准确地掌握商品清关信息，并规避包裹数量剧增时出现的清关延迟
或扣留等各类风险，从而提高配送服务水平，优化客户的整体购物体验。

（2）服务范围拓展，用户物流体验增强

随着"网购保税"业务模式受到越来越多跨境电商平台和商家的青睐，
保税物流中心也获得了更广阔的发展空间，可以在基本的保税仓储配送业
务以外，为仓库内的进口货物提供分拣、贴标签、供应链融资、质押监管、

退换货、保税商品展示等更多增值服务。

例如，商家可以与物流公司合作在保税物流中心进行保税商品展示，打造线上线下有机结合的营销渠道，拓宽商品销路；当客户在实体展示店中订购保税商品后，物流公司可以在几天内完成商品的清关和配送工作，从而大大优化了客户的物流体验。

6.3 出口跨境电商如何选择适合企业的物流模式

6.3.1 模式盘点：合理选择物流渠道

站在出口跨境电商经营者的角度分析，当有消费者下单时，他们就要根据订单信息发货，这时候，就要选择恰当的物流方式把商品发送到消费者手中。

通常情况下，规模较小的跨境电商企业没有独立的物流系统，由平台承担物流环节，根据包裹重量来划分，中邮小包的包裹限定在两公斤以内，超出这个范围则需用中邮大包，另外，若消费者希望尽快拿到货物，就得通过国际快件发货，从这个几个方面来讲，物流问题似乎并不是太难。

但是分析大规模跨境电商企业（尤其是那些独立开展平台运营的电商经营者）的物流问题可知，企业本身要节省物流环节的支出，还要满足消费者在时间上的心理需求，要加速物流运转，还要尝试新的物流方式，所以，对他们来说，物流问题并没有那么简单。在这里，我们对主要的物流方式进行分析与阐述，并对企业的物流选择给予建议。

◆ 邮政包裹

如今，邮政物流体系已在世界众多国家与地区建立了分支机构，万国邮政联盟与卡哈拉邮政合作组织为其发展起到了重要的推动作用。万国邮政联盟总部位于瑞士伯尔尼，隶属于联合国，负责国际邮政事务的处理，为成员国提供相关的技术援助。

万国邮政联盟包涵 190 多个国家与地区，这些国家与地区在邮政体系的建设方面存在很大差别，彼此之间的联系较小。为了改善这种状况，2002 年，美国卡哈拉东方饭店召开了 6 个邮政 CEO 高峰会议，卡哈拉邮政组织由此而来。

根据卡哈拉组织的标准设定，凡是其成员国，只允许 2% 的货物超出投递时限，若用户在规定时间内没有收到货物，就可以向快递公司投诉，最终得到与货物价格相等的索赔。这些标准设定对成员国的服务体系提出了较高的要求，也有利于不同国家之间的物流合作。

举个例子，通过邮政体系由中国寄送至美国的货物，通常会在半个月之内送至用户手中。若通过 eBay 网站的国际 e 邮宝，只需 1 周到 12 天就能完成美国全境妥投。而且，邮政通常属于国有企业，政府相关部门会给予财政支持，所以价格也比较低廉。

在中国出口跨境电商中，采用邮政系统送达的货物占据总体的七成，中国邮政完成的货物运输占到其中的半数。除此之外，还有一些跨境电商经营者通过香港邮政等实现跨境物流。

◆ 国际快递

国际快递包含 UPS 快递、TNT 国际快递、联邦快递（FEDEX）以及 DHL 国际快递公司，这些公司有着雄厚的实力基础。其物流体系覆盖至世界多个国家与地区，通过先进的信息技术与各个地区完善的服务体系，满足境外消费者对中国跨境电商的产品需求。

举例分析，采用 UPS 快递发往美国的货物，可在 2 天之内就送至消费者手中。不过，这种物流方式的价格比较高。通常情况下，当顾客对商品提出较高限时需求时，经营者才会选择这种物流方式。

◆ 国内快递

顺丰快递、EMS 邮政快递以及中通、申通、圆通、汇通、韵达快递（简称"四通一达"）构成国内快递的主体。在跨境电商出口领域，申通与圆通是"四通一达"里率先开展运营的公司，但发展时间也不长。

举例来说，申通在美国的运营是在 2014 年 3 月正式开始的，圆通于 2014 年 4 月联手 CJ 大韩通运，除此之外，"四通一达"中的其他三家物流公司在跨境物流方面则还处于入手阶段。

相比之下，顺丰物流公司在跨境物流方面已有相当丰富的经验，如今，其经营范围已覆盖至日本、韩国、越南、泰国、新加坡、澳大利亚、美国等多个国家与地区，其中，送至亚洲国家的货物通常会在 3 天之内到达用户手中。

在这些物流公司中，跨境物流经营最成熟的当属 EMS 快递，通过邮政的网络系统，经 EMS 可直接送达的国家超过 60 个，不仅如此，EMS 的快递价格比较低廉，在国内比较容易通关，一般情况下，会在 3 天之内将快件送到亚洲各地的消费者手中，一周之内抵达欧美用户手中。

◆ **专线物流**

通常情况下，跨境专线物流采用航空包仓来完成商品的跨境运输，然后由第三方合作企业完成所在地区的商品寄送。专线物流可以将需要运往某个境外国家或地区的商品汇集到一起，一次性完成跨境运输，以此减少物流环节的资金消耗。

跨境专线物流的价格往往要低于商业快递。从运输时间来看，专线物流的速度要低于商业快递，但要超出邮政包裹。如今，应用较多的跨境物流专线有俄罗斯专线、欧洲专线、美国专线，等等，除此之外，还有一些物流公司运营南非专线、南美专线、中东专线等。我国已经有不少物流公司开设了跨境物流专线，其中，具有代表性的有永利通达、Equick、燕文物流等。

一般情况下，专线物流开通针对海外市场的项目，如中环物流与 PONY EXPRESS 公司联手推出的"俄邮宝"，主要针对俄罗斯市场，另外，还有针对澳大利亚的"澳邮宝"；还有部分物流企业尝试新的运营模式，像中外运电子商务公司上线跨境物流专线的团购项目，是我国第一个采用该模式的企业。

上述四种跨境物流方式是目前中小跨境电商企业采用的主导模式，除此之外，还有小部分物流方式超出这四种物流方式所涵盖的范围。例如，比利时邮政主要面向高层次的消费者，具有超出一般物流方式的服务质量；此外，黑龙江俄速通国际物流公司建设的对俄贸易边境仓，虽然在服务内容方面与海外仓存在共性，但其成本消耗要低于海外仓。

从跨境电商经营者的角度分析，一方面，在选择物流模式时，**要考虑的是自身产品的体积大小、运输途中可能面临的风险，以及通关时需要办理的手续等**，举例来说，像家具这样的大型商品难以通过邮政包裹实现跨境物流，相比之下，海外仓储更加方便快捷。

另一方面，**要依据淡旺季采取恰当的物流方式**，若逢淡季，可采用中邮小包节省货物运输成本；若逢旺季，则可通过新加坡邮政等，必要时，可通过比利时邮政加速货物运输；另外，物流公司应该将不同种类的物流模式所具备的特征向跨境电商企业做详细说明，使企业经营者结合自己的货物运输需求选择合适的跨境物流。

6.3.2 海外仓储：跨境电商的突破口

所谓**海外仓储服务，就是在海外地区代替经营者负责商品的存储、分类、包装与物流运输的服务体系**。具体而言，海外仓储由头程运输、货物存储与本地配送三个环节共同构成，如图 6-8 所示。

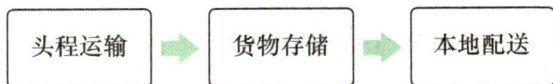

```
头程运输  ➡  货物存储  ➡  本地配送
```

图 6-8 海外仓储服务的三个环节

（1）头程运输：国内经营者采用跨境物流方式把货物送达海外物流中心。

（2）货物存储：国内经营者利用现代信息技术，对海外货物的存储进行监管。

（3）本地配送：物流中心的工作人员在接收消费者订单后，选用合适的物流方式，把商品送达消费者手中。

迄今为止，已经有很多物流公司推出海外仓储服务，在这方面具有代表性的是出口易，该公司在澳大利亚、美国及英国都设有存储中心，其运营时间已经超过 10 年；此外，递四方速递旗下的订单宝也为国内经营者承担在澳大利亚、美国及欧洲部分国家的海外仓储。

除此之外，一些实力型跨境电商平台也开始运营海外仓储，旨在增强消费者的物流体验，例如，亚马逊推出 FBA 服务，eBay 与万邑通合作，开展海外仓储运营，等等。还有部分电商平台与第三方物流企业共同建设海外仓，在这方面具有代表性的是大龙网，该平台就海外仓的运营与俄罗斯达成一致，加速了跨境物流的运转。

作为跨境电商物流的创新模式，海外仓储有利于解决跨境电商物流成本过高、配送环节不易把控、周期太长等痛点，实现跨境贸易的本地化运作，从而优化用户的消费体验，弥补出口跨境电商企业在物流配送方面的短板，提升企业在目标市场中的竞争力。

仓库在现代物流系统中具有重要地位，是实现交易双方有效连接的关键节点。对出口跨境电商企业来说，将这一重要节点的布局延伸至海外，不仅有利于更好地拓展全球市场，也能够有效降低物流成本，提升企业市场竞争力。

进行海外建仓的出口跨境电商企业可以提前将货品存放到海外仓库中，在接到买家订单后直接从当地发货，从而大大缩减了订单配送周期，使商品能够快速、准确地送达用户手中。显然，这对优化用户整体购物体验、触发重复消费行为、提升销售业绩具有重要价值。

因此，海外仓储物流模式是针对国内出口跨境电商卖家的物流痛点，通过在目标市场当地建仓的方式为卖家提供包含仓储、分拣、包装、派送等内容的一站式服务，从而降低卖家跨境物流成本，实现对海外订单的及时快速响应。

简单来看，卖家提前将货品存储到海外仓库中，当客户下达商品订单后，卖家便可以直接通知最近的海外仓库对货物进行分拣、包装，并根据当地物流情况将商品安全、准确、及时、低成本地送达客户手中。如此，出口跨境电商卖家大大增强了自身的订单响应和物流能力，弥补了在与当地企业竞争时的物流短板，提升了销售业绩并拓展了市场。

◆**海外仓储使用说明**

运作流程上，国内卖家首先通过海运、空运或陆运等方式将货品集中运送到海外仓库中进行存储，然后借助物流承运商的库存管理系统进行远程操作管理。主要包括以下四步。

★第一步：出口跨境电商卖家通过海运、空运、陆运等方式将货物运送到自建的海外仓储中心进行存储，或者委托承运商将货物运送到自己租用的承运商的海外仓库中。

★第二步：卖家通过物流商的库存信息管理系统，对海外仓库中的货品进行在线远程管理，并保持信息的实时更新。

★第三步：卖家接到订单后，会向物流商海外仓储中心发出货物操作指令，仓储中心的自动化操作设备和系统将按照卖家要求对货物进行存储、分拣、包装、配送等操作。

★第四步：完成货物配送后，仓储中心系统还要及时更新库存信息，以便卖家实时掌控物品仓库情况。

◆**海外仓储的成本分析**

海外仓储物流模式的成本支出包括头程费用、仓储及处理费用以及本地配送费用。

★头程费用：即卖家将货物从国内运送到海外仓库时产生的物流费用。

★仓储及处理费：即货物存储在海外仓库中产生的存储费用，以及对货物进行处理配送时产生的费用。

★本地配送费用：即通过本地物流配送服务将商品送达到买家手中时需要支付的运费。

第 7 章

智慧物流：
物流互联网时代的产业大变革

7.1 物流互联网：基于物联网技术的新一轮产业革命

7.1.1 物流4.0：开启物流互联网时代

互联网的快速发展和成熟引发了新一轮的产业变革。移动互联网、大数据、云计算、物联网、自动化等技术，使互联网与实体产业深度渗透融合，颠覆重构了实体产业的传统形态和发展模式，推动实体产业进入"产业互联网"时代。

产业互联网是指互联网深度渗透融合进实体产业，成为产业运作发展的主导与核心力量，进而推动产业互联网转型升级。与纯粹虚拟化的信息互联网不同，产业互联网是线上线下、实体虚拟的有机融合，以互联网强大的变革创新能力推动现实世界的网络化、信息化和智慧化。

因此，构建产业互联网，首先要通过物联网、大数据、云计算等先进技术实现物理世界的网络化、信息化和智能化。从而实现在线智慧设计、在线智慧制造、在线智慧商务、在线智慧物流等，让每个人都能够成为参与其中的创客，为产业发展提供更加多元的创新源泉和强大的驱动力量。

现代物流连接着制造与消费的两端，是一个具有流动性的复合型产业。如果将传统物流产业看作物流 1.0 时代，那么基于信息技术和科技发展建立起来的一体化物流系统，则是物流的 2.0 时代。

具体来看，随着信息技术的快速发展，原料、在制品、制成品等从供应到消费流程中的运输、存储、配送等各种信息，都可以借助多元化的渠道实现更为简便高效的沟通分享。这使企业可以基于客户需求信息，对物流服务的各个环节进行更为科学合理的规划、执行和控制，实现统一考虑、系统运筹，从而大大提升了整体物流系统的服务效率和质量，实现了现代物流理念和模式的变革。

当现代物流体系与制造业信息实现深度融合共享时，制造企业便可以真正围绕客户需求，合理安排采购获得、制造支持、产品销售等各环节内容，从而实现企业信息系统对外界变化的敏锐感知、快速反应和柔性化的产品制造。同时，物流与制造信息的深度融合也有助于实现企业信息流、物流与资金流的"三流合一"，这些推动了物流进入供应链管理的 3.0 时代。

现代物流与信息技术息息相关，信息技术的发展是现代物流产业变革，实现跃迁式发展的关键和核心。当前，移动互联时代的到来，"互联网 +"带来的产业互联网革命，以及云计算、大数据、物联网、物流自动化和智能化技术的不断成熟优化，推动了现代物流与互联网产生更多的"化学反应"，从而推动物流产业进入 4.0 时代。更加智能化和智慧化的"物流互联网"正逐渐拉开大幕，并将引发新一轮的物流产业变革。

7.1.2　物流互联网时代的 4 个主要特征

早在 2014 年 10 月，国务院就讨论通过了《物流业发展中长期规划（2014—2020 年）》，提出要加快作为国民经济基础性、战略性产业的现代物流业的发展，通过建立和完善标准化、信息化、智能化、集约化的现代物流服务体系，为整体经济的转型提质增效提供有力的物流服务支撑。

其中，物流发展的"四化"，可以被认为是"物流互联网"时代的主要特征，如图 7-1 所示。

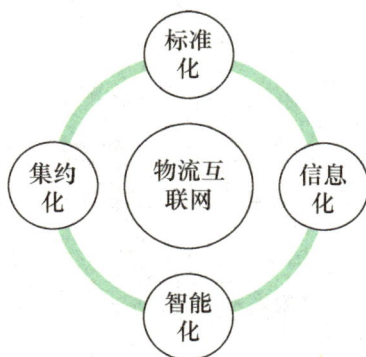

图 7-1　物流互联网时代的 4 个主要特征

◆ **标准化**

"互联网之父"蒂姆·伯纳斯·李（Tim Berners Lee）通过创建"www"浏览协议和标准，实现了不同计算机中信息的联网共享，从而使互联网逐渐"走进"世界各个角落。

因此，现代物流服务系统要实现更高层次的"物流互联网"，就必须首先进行流程的标准化操作。只有这样，才能在实际运作中实现物流网络系统的开放和资源共享，进而提升现代物流服务体系的信息化、智能化水平。

◆ **信息化**

物流互联网是物流整体产业流程更高层次的信息化，是借助互联网技术、思维和平台，实现物流中实体物品的可视化、可运筹、可优化以及可流程智能控制等，进而实现物流供求和运作资源的高度开放、透明与共享，探索现代物流发展更多创新性的商业模式。

◆ **智能化**

只有不断提升现代物流服务系统的智能化水平，才能真正实现物流服务与互联网的深度融合，而非"貌合神离"；才能运用互联网思维实现对物流服务整体流程的合理运筹与优化，发挥出物流互联网的创新创造价值；才能真正利用互联网思维、技术与平台，不断提高物流效率与效益，实现物流产业的提质增效。

◆集约化

集约化是指从整体协同层面对人力、物力、财力、管理等各种生产要素进行统一配置，以实现生产要素的更优化配置和更高效利用，从而降低物流整体系统的运作成本，优化管理效果，建立长期竞争优势。

集约化不等于集中管理。以往集约化的实现路径主要是加强集中管理，但在互联网时代，集约化目标的实现将更多地借助于分布式系统和庞大的信息共享网络。互联网与物流产业的深度融合，使人们可以通过开放性的互联网平台，在更广的范围内进行车辆、人力、仓储、货物等各种物流资源的信息共享和协同，实现资源的更优配置和使用。

"互联网 +"的经济新常态下，物流与互联网的深入融合为现代物流产业发展带来了更大的想象空间。虽然物流互联网才刚刚开启发展的大幕，人们对未来物流互联网将带来的物流产业新图景还没有清晰明确的认知，但我们仍然可以通过类比的方式对其想象一二。

当前的物流系统就好似传统的电话接驳系统，虽然也能够进行各要素信息的连接互通，但流程却十分复杂烦琐，需要先给接线员"打电话"，然后接线员再根据具体需求寻找和连接通话对象。

物流互联网将大大简化这一过程。通过物流系统信息的网络化、标准化、智能化建构，程控交换机中的程序将自动完成信息的互联互通。更具体地讲，就是在物流互联网时代，装载、发货、仓储、配货、分拨、配送等物流系统各环节的工作，都可以借助互联网平台智能化、自动化地完成。

7.1.3　物流互联网时代的智能技术装备

打造物流互联网，除了大数据、云计算、移动互联网、物联网等信息互联网和产业互联网发展需要的技术以外，还需要与物流系统运作直接相关的智能物流技术和设备，如图 7-2 所示。

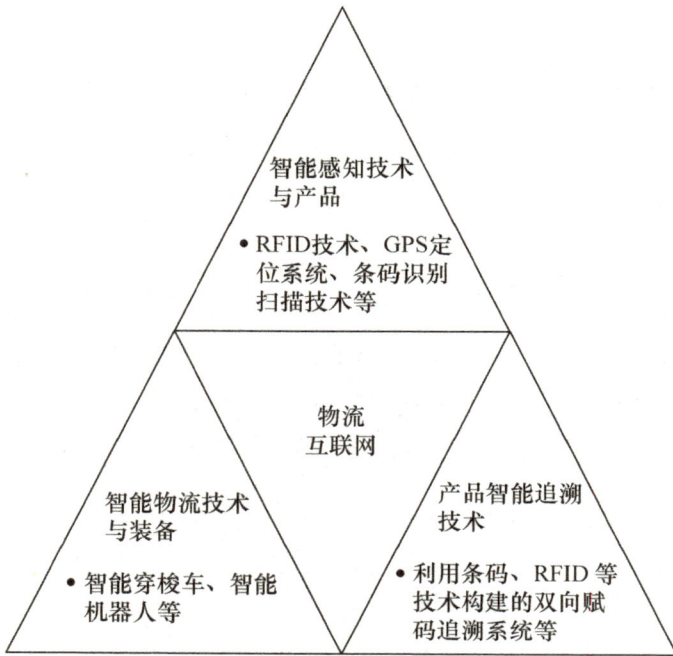

图 7-2　物流系统运作需要的智能物流技术和设备

◆智能感知技术与产品

　　对实体物流运作进行联网，离不开相关的智能感知技术和产品，如RFID 技术、传感器、视频感知技术、GPS 定位系统、条码识别扫描技术等。这些智能感知技术主要用于仓储、输送、搬运、运送、集装等环节中，有利于提升物流运作中的定位感知、过程追溯、信息采集、物品分拣等的智能化水平和效率。

　　由于多种因素的制约，当前物流产业中虽已装备和应用了智能感知技术和设备，但现实效果远未达到物流互联网所构想的最优状态：智能感知技术的应用主体仍无法实现完全的自动化、智慧化；智能终端识别技术必须由人进行操作；智能拣选系统仅扮演辅助人工的角色，没能充分发挥出应有的价值；能更有效地感知和获取信息的智能传感器主要被用在冷库等特殊仓库中，还未能普及。

随着物流运行和服务对实时可视化管理的迫切需求，视频传感器等可视化物流设备应用近些年有了显著增长，自动化输送分拣与仓储系统、红外感知、激光感知、RFID 感知和二维码感知等多种先进的智能感知技术都被广泛应用到了物流作业监控和仓库管理等环节。

◆ 智能物流技术与装备

智能物流技术主要被用于自动化仓储领域，其中智能穿梭车是近两年智能物流技术的重点研发方向。智能穿梭车能够高效快速地从密集货架的最里层找到并搬运出指定的货品，这在单品出货量较大的产品领域极具竞争力。同时，智能穿梭车与密集型货架的有机结合，也能使仓储设施和空间得到最大化的利用。不过，作为一种最新的智能物流技术和设备，要真正实现智能穿梭车的互联网化，还有待时间的沉淀。

智能机器人比较容易联网运作，在物流领域中的发展应用也较为迅速。基于激光导引或磁条感知技术的智能搬运机器人已被很多自动化物流中心应用。智能机器人还被用于货品出入库的堆码跺，即根据相关的指令，智能机器人能够自动对货品进行堆码跺，从而极大提高了仓库的运作效率和自动化、智能化水平。

智能终端产品、自动化智能作业机械、智能机器人等的快速发展，提高了物流运作的信息化、网络化、智能化水平，为构建现代物流互联网提供了有力支撑。

◆ 产品智能追溯技术

物流是产品智能追溯技术发展最早和最成熟的领域，已实现了智能追溯技术的网络化。例如，早在十几年之前，针对国内频发的食品药品安全问题，物流行业就开始研发食品药品的安全溯源机制，利用条码、RFID 等技术构建双向赋码追溯系统，以便对产品进行双向追溯和实时监控。经过多年的发展，国内已经建立了数百条可对食品药品安全进行追溯监控的系统，创造了巨大的社会和经济效益。

产品追溯系统对产品赋码，将生产、运输、保管、交接等多种产品信息植入赋码系统，使人们可以通过扫描条码或识别 RFID 信息，对产品的生产、运输、保管、交接等信息进行双向追溯，从而达到确保安全、鉴别真伪的目的。本质而言，智能追溯技术是借助互联网的实时连接功能，实现对移动的物流作业环节的可视化追踪定位，进而实现物流运作信息的开放共享，推动物流互联网的发展。

与虚拟的信息互联网不同，实体物流互联网在进行信息开放与互联共享时，作业主体和公司常常会有更多的担忧和风险顾虑，如商业机密和隐私等。因此，当前物流领域的网络化多数还局限于局部性的互联互通，要真正实现更广范围的信息开放与共享，建立全面覆盖的物流互联网，还需要技术、生态、思维、模式、装备等多个方面的创新突破。

7.1.4　物流互联网引领新一轮商业浪潮

随着互联网消费市场的不断拓展成熟，物流服务已成为制约电子商务发展的关键瓶颈。因此，物流互联网将首先从需求最强烈的互联网消费领域开始，逐步渗透到更广泛的领域，并带动新一轮的产业创新与变革。

电子商务的不断发展成熟推动了物流大数据系统和云计算技术的优化完善，这为更优化地整合利用物流资源提供了坚实的数据支撑；移动互联网、物联网等新技术的不断发展应用，既对物流服务提出了更高要求，也为现代物流变革提供了基础条件；同样，在电子商务多年发展中培育起来的互联网思维、平台、技术和工具，使越来越多的力量参与到物流领域的发展变革中，有力推动了物流与互联网的深度融合。

虽然互联网与物流的深度融合将会为物流产业创造怎样的全新图景还有待进一步的观察思考，但物流互联网所具有的广阔前景和巨大商机是毋庸置疑的。

Google 参与到城市物流领域；亚马逊以自建的物流网络为基础，全面切入物流产业；马云领头打造的"菜鸟"物流致力于国内开放性智能物流骨干网络的建设；柳传志、张瑞敏等制造业大佬也开始参与到电子商务物流配送领域的争夺中等。国内外众多巨头公司和大佬的积极布局，充分体现了物流互联网的巨大吸引力和价值。

当前物流服务主要表现为系统化和网络化的实体配送物流，即通常所说的"地网"；而物流信息网络则是指包含各种物流信息的虚拟信息系统，即"天网"。

物流互联网就是实现物流产业实体网络与虚拟网络的全面连接与深度融合，探索现代物流服务的多元创新形态，提升现代物流系统的信息化、智能化、网络化、自动化水平，从而更好地发挥出物流产业在整体国民经济发展中的基础性、战略性功能，使物流领域拥有更多的商业想象空间的一种发展模式。

物流互联网是在"互联网＋"和移动互联网的大生态环境下提出的，是如火如荼的产业互联网的重要内容。因此，虽然物流互联网才刚刚拉开发展序幕，但仍然可以看到以下变革和发展趋势，如图 7-3 所示。

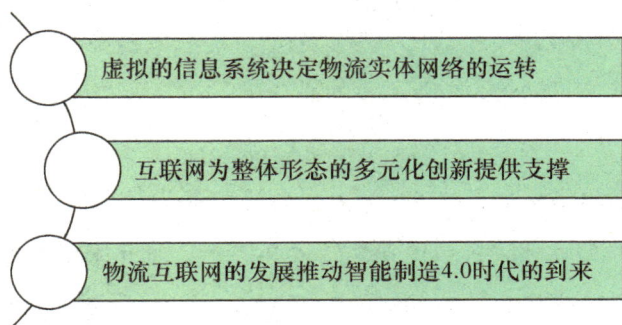

图 7-3　物流互联网带来的变革和发展趋势

◆虚拟的信息系统决定物流实体网络的运转

电子商务的快速发展成熟产生了海量的物流信息数据，这为物流产业运用大数据、云计算等技术进行数据信息的整合、分析、优化和处理提供了数据基础，使物流实体配送网络在虚拟信息网络的控制与引导下实现更为高效合理的运作，实现产品配送服务的集约化集货和调配，以及智能化、精准化的提前备货，从而大大提高整体物流系统的运作效率。

具体来看，要实现线上线下、实体虚拟的全面深度连接融合，需要在仓储、配送、交接等物流系统各个环节进行网络化、智能化转型升级，建立和完善智能仓储系统、货运车联网系统、智能追溯与信息可视化系统以及智能终端配送系统等。

如此，才能实现对物流实体网络的全面感知，并与虚拟信息系统进行实时对接融合。同时，物流互联网还要求充分运用云计算、大数据等先进技术，在整合分析物流大数据信息的基础上，对实体物流网络进行合理的流向引导和流量优化。

不过，不论是大数据、云计算等新技术的应用，还是"天网"与"地网"的连接融合，都不是一蹴而就的，需要在长期的具体实践中不断探索优化，如对系统运行的稳定性与变革转型的兼顾、对技术投入成本与产出关系的平衡等。

◆ **互联网为整体形态的多元化创新提供支撑**

实体运配网络的互联网化转型升级不仅能极大提高物流效率，更为现代物流服务带来了巨大的商业模式创新空间。

基于标准化信息平台和车联网系统打造专线整合 O2O 模式；基于互联网强大的连接整合优势对全国各个货运物流园区的货运节点进行整合，建立车辆与货源更优配置的 O2O 模式；通过互联网平台将分散化、碎片化的中小散户车辆整合起来，形成轻资产运作的货运 O2O 模式；以及借鉴滴滴打车等车联网生态系统进行的货运车联网物流运作模式的创新等。

互联网强大的连接整合功能既为车队资源和货运资源的高效对接整合

提供了平台支撑，又为整体形态的多元化创新提供了想象空间。

早在 2013 年时，国内就提出了车联通卡这一物流金融服务创新模式，即将银行信用卡连接到货运车辆的车联网系统中，使银行等金融服务机构可以对货运车辆进行追踪定位，及时准确地获取物流企业的运营信息。而货运主体和物流企业则可以获得集成化、网络化和团购模式的融资借贷、资金支付，车辆保险、加油、维护以及物流园区消费等更优质的金融创新服务。

◆物流互联网的发展推动智能制造 4.0 时代的到来

互联网首先从信息互联网开始，逐步渗透到消费端和销售端，从而推动了电子商务的快速发展成熟；而电子商务对物流服务越来越高的要求，又加快了物流领域的互联网化转型升级，进而物流互联网又将引导互联网对上游制造业的渗透融合，从而最终推动了整体制造产业进入智能化、自动化、网络化、柔性化、信息化的 4.0 时代。

当然，工业制造 4.0 不仅仅是生产模式的智能化、柔性化和网络化，更是生产形态和整体产业运作思维的颠覆性变革。互联网的深度渗透融合将为制造业带来更多的开源硬件，用户参与到设计、制造和物流活动中的云工厂、云设计、云制造等创新形态的情况将大量涌现，从而实现制造产业的众智、众创、众筹等。

同时，在互联网的智能化控制与引导下，硬件产品将越来越多地成为互联网智能产业的终端入口，成为更具价值创造力的互联网服务业的载体。互联网服务而非硬件产品将成为主要的盈利来源，甚至很多产品会免费开放给消费者。这从小米和苹果的智能手机以及特斯拉的电动汽车中就能够窥见一二。

总体来看，物流互联网是新常态下现代物流发展的必然趋势，是打造智能化、信息化、网络化的现代物流服务系统的题中之义，拥有巨大的发展潜力和商业想象空间。现阶段来看，物流互联网虽已开启了发展的帷幕，并吸引了越来越多的参与布局者，但由于技术、设备、生态、思维等各方面的限制，要想真正实现所描绘的美妙图景，还需要在具体实践中一点点的积累和探索。

7.2　从概念到落地：构建新型的智慧物流生态圈

7.2.1　智慧化：传统物流转型新路径

在以电商为代表的诸多产业的驱动下，中国自 2012 年以来就在全球物流市场规模排行榜中独占鳌头。无人机、智能机器人、云仓储等新技术的不断涌现，在推动我国物流产业信息化建设的同时，更是让整个物流产业在转型"智慧物流"的路上走得越来越远。

但我们不得不面对的事实是我国的物流产业信息化仍出于起步阶段，配送效率低下，供需不平衡，空载率过高，数据资源被垄断等问题十分突出。

近年来，我国快递行业业务量保持高速增长。2014 年，整个国内快递业订单量高达 140 亿，同比增长高达 52%；而到了 2015 年我国的快递当单量则增长至 206.7 亿，同比增长 48%。快递业务的迅猛增长对我国的物流提出了巨大的挑战，虽然阿里、京东等电商巨头都在通过增加仓储面积、自建物流网络、发展云服务解决方案等方式来缓解订单量高速增长所造成的配送压力，但至今仍未取得实质性突破。

由于移动互联网时代消费需求的碎片化及多元化，使如今的物流运营模式的弊端不断爆发出来，物流行业的转型升级已经成为企业界要解决一大关键问题。智慧物流为这一问题的解决提供了有效方案。大数据、云计算等技术的相继涌现，在世界范围内掀起了一场物流行业的巨大变革。

　　智慧物流能够有效提升客户的消费体验，在为物流企业建立起强大的核心竞争力的同时，更可以有效提升中国物流行业的整体发展水平，提高社会资源利用率。物流信息化建设十分完善的美国，社会物流总成本在GDP 中占比仅为 8%，而我国高达 17%，在这项指标上，我国还存在着大量的优化空间。

　　最近，媒体多次报道出快递公司将无人机纳入物流配送环节的新闻。在人力成本提高及交通拥堵的双重压力下，许多物流公司将发展无人机配送作为自己在未来的重要发展战略。但应用无人机并不意味着智慧物流已经落地，而且无人机配送尚未完善，其在"最后一公里"配送及那些交通不便的地区发展前景较为良好。

　　摆在物流行业面前的首要难题是实现物流配送信息化及标准化。现代物流配送不仅要求速度快、性价比高，更要保证包裹安全。从物流行业的发展情况来看，这些问题尚未得到有效解决，当然这也绝非是无人机就能够解决的问题，真正要做的是改变物流行业的管理及运营模式。

　　以无人机为代表的智能设备的关键在于它们能够有效减轻劳动强度，让大量处于产业链最低端的搬运工、配送员解放出来，参与到溢价能力更强的产业链环节。未来的智慧物流的特点应该是高度智能化的机械设备、完善的海陆空运输技术设施和更为多元的高端物流增值服务。

　　社会各界普遍认为物流产业行业门槛不高，是一个技术含量低、劳动密集型的行业。物流企业在物流技术应用、信息化建设及物流配送方案等方面也并未投入太多的资源，这就导致了智慧物流的落地受到了诸多限制。具体来看，物流产业尚未实现标准化、智慧物流观念普及难度大、转型成本高是几大痛点。

以前，快递行业普遍使用的"四联单"正在被"电子面单"所取代。电子面单是物流行业实现物流数据信息化的关键所在，它能够将商家、消费者、物流企业、实时配送路线信息实现高效对接，即便是在"双 11"这种单日同时出现上亿件包裹的特殊情况下，也能够实现快捷、高效、低成本的物流配送。

当然，物流企业之间的数据垄断也要予以解决。智慧物流的落地首先要完成基础性的工作，在智能硬件、电子面单、数据流通等方面建立统一的标准。

此外，大数据、云仓储等新兴技术拥有广阔的应用前景，通过运用新技术可以让处于闲置状态的配送及仓储资源得到充分利用。例如，个人及企业的闲置房间可以作为包裹的临时集散网点；通过众包物流快速完成跨区域包裹的高效配送等。

在快递业务量及人工成本不断上涨的压力下，许多物流企业已经逐渐认识到智慧物流将成为未来物流行业的主流发展趋势。从整体上来看，智慧物流的实现是一个十分复杂的系统工程，不是靠高科技技术就能解决的问题。考虑到现有的物流基础配套设施、信息化建设、企业间的数据割裂等现实基础，我们不得不承认距离智慧物流的落地还有很长的一段路要走。

7.2.2　智慧物流时代的供应链管理

在移动互联网、大数据、云计算、物联网等新一代技术的支撑下，一种新兴的物流配送模式——"智慧物流"开始走入公众视线。政府、企业、科研机构等都在智慧物流方面投入了大量的资源及精力，智慧物流的序幕已经悄然拉开。

2008 年年底，科技巨头 IBM 的 CEO 萨缪尔·帕米沙诺（Samuel Palmisano）

提出"智慧地球"的概念，美国总统奥巴马在公开场合对这一概念进行了充分肯定，并在 2009 年将"智慧地球"上升为美国国家战略。此后，"智慧国家""智慧城市""智慧物流"等新概念不断涌现出来，并成为世界各国关注的焦点。

在智慧物流概念中，"智慧"一词的意义在于，**通过新一代信息技术化实现装备及设备的高度智能化，深刻变革整个物流行业的运营及管理模式，在大幅度降低成本的同时，实现资源利用效率最大化。**

在宏观战略维度上，想要发展智慧物流必须具备全球视野及公共视野。全球视野的逻辑在于，智慧物流是智慧地球、智慧国家及智慧城市的组成部分。在移动互联网时代，整个世界连接成为一个密切的整体，所有的资源、技术、信息可以在世界范围内自由流通。所以，要想建设智慧物流必须要站在全球视野的维度之上。

公众视野则是强调智慧物流将服务于社会大众，它的目的不是为了让相关企业追求价值最大化，而是让公众能够享受到经济发展及科技突破给生活及工作带来的便利。因此，智慧物流的实现绝不是依靠一家企业的资源及能量，它需要政府、相关企业及社会组织联合起来，扫清限制物流资源高效流通的各种障碍。

目前，智慧物流还不具备落地基础。对于这种高度自动化及智能化的智能物流，技术在其中扮演着十分关键的角色。以全球定位技术、智能交通系统、无线射频识别为代表的高科技技术，将为智能物流的实现提供强有力的支撑。

为了加快物联网的落地进程，早在 2012 年，工信部就制定了《物联网"十二五"发展规划》。2013 年《关于推进物联网有序健康发展的指导意见》文件的出台，更是让物联网成为企业界关注的焦点。2015 年 7 月，商务部办公厅发布《关于智慧物流配送体系建设的实施意见》。一系列扶持政策的不断出台在推动物联网实现快速发展的同时，更是为智慧物流的发展打下了坚实的基础。

智慧物流的实时、高效及精准的特点，决定了其必须要有海量的数据作为支撑。以阿里的菜鸟网络为例，阿里巴巴凭借旗下的淘宝、天猫等平台掌握了大量的用户数据，通过运用大数据分析技术可以掌握用户的消费需求，并对货物仓储及配送提供指导。当然，菜鸟网络的成功所需要的绝不仅仅是用户数据，它还需要将生产商、渠道商、物流公司的数据整合起来并进行分析，筛选出有价值的信息，从而制定出完善的物流配送服务解决方案。

从本质上来说，整个物流产业是供应链重要组成部分，以前社会各界重点强调要让物流产业与制造业协同发展，发挥其联动效应，而如今的智慧物流建设则应该重点强调两个方面。

其一，不只是制造业需要与物流产业实现协同发展，电商、建筑、交通、农业等诸多产业都要与物流产业实现高效协同。

其二，在追求协同发展的同时，更要追求产业间的深度融合。对在相关企业而言，就是要专注于自己最为擅长的领域，将那些不擅长的领域交给更为专业的第三方服务公司。

国内许多企业仍采用盲目扩张的方式，追求"盘子大、产品全"，资源及精力的过度分散导致企业甚至拿不出一件具有代表性的产品，社会化程度较低，对物流产业的发展形成了严重的制约。

事实上，不仅是智慧物流强调供应链管理，未来所有行业发展都离不开供应链管理，如图 7-4 所示。在实践过程中，要借助移动互联网将物流、商流、资金流及信息流实现高效对接，发展"智慧供应链"，在各方的共同努力下，争取使智慧物流快速落地。

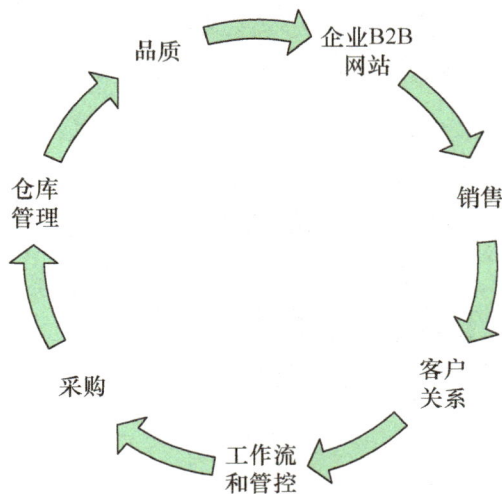

图 7-4　供应链管理的内涵

7.2.3　从顶层设计看智慧物流落地

物流产业在国民经济的发展中扮演着举足轻重的角色，它关系到整个社会资源的流通及配置，是衡量一个国家整体发展水平的重要指标。

在"互联网＋"引领的变革之风下，各行各业正迎来一次巨大的变革热潮，拥有万亿级市场蛋糕的物流行业自然也不例外。推动传统物流向智慧物流的转型升级，不但能够有效提升物流产业的整体发展水平，更能促进整个国民经济迈上新台阶。

◆国家高度重视物流大发展

2015 年 7 月，《关于智慧物流配送体系建设的实施意见》的出台，为智慧物流的发展提供了强有力的政策支撑。文件中指出："智慧物流配送体系是一种以互联网、物联网、云计算、大数据等先进信息技术为支撑，在物流的仓储、配送、流通加工、信息服务等各个环节实现系统感知、全面分析、及时处理和自我调整等功能的现代综合性物流系统，具备自动化、智能化、可视化、网络化、柔性化等多种特征。"在国家政策扶持及物流需求的爆发式增长的背景下，物流产业迎来了巨大发展机遇。

在国内经济长期面临较大下行压力的背景下，我国的物流行业增速日益放缓。业内统计机构发布的数据显示，与2014年上半年相比，2015年上半年国内物流成本的可比价格、物流服务价格等指数均出现下滑，其中前者增速同比下滑达到了3%。

与此同时，物流总成本在GDP中所占比例同比降低0.4%，这标志着物流的整体运行效率略有增长。从整体来看，物流行业正在从强调速度与规模的野蛮式增长逐渐向追求高效率、低成本的集约型增长转变。

◆物流企业的发展面临诸多阻碍

在国家政策与业务需求的驱动下，物流企业自然不会缺少发展动力，但其发展却面临着诸多阻碍。虽然，2015年我国有着10.8万亿元的社会物流总费用及超过200万亿元的社会物流总额，但支撑物流产业运转的企业中，却有超过80%是中小物流公司，它们仍采用传统物流配送模式。向信息化及智能化的物流配送模式转型，已经成为物流企业亟须解决的重点问题。

我国的物流产业发展时间相对较短，规模小、实力弱、布局散等问题十分突出。数据显示，截至2015年1月底，全国物流企业总数量达到了上万家，但A级物流企业仅有301家，5A级物流企业仅有21家。国内物流企业信息化水平较低，货物分拣、包装、配送远未实现专业化、信息化及智能化。

作为一种现代化物流模式的智慧物流逐渐走入了各大物流企业的视线，它融合了移动互联网、物联网、大数据、云计算等新一代信息技术，在提升物流资源利用率的同时，更使物流成本大幅度降低。

智慧物流强调在发展理念、运营模式、盈利模式及技术等方面进行创新发展。

首先，在发展理念维度上，智慧物流需要企业运用互联网思维，对行业的整体发展形势具备较强的把控能力，并在相关政策及消费需求的动态变化中，能够及时调整自己的战略目标，优化资源配置。

其次，在运营模式维度上，发展智慧物流需要变革传统的"人＋车"模式，发展"人+X"，将更多的现代智能化工具运用到物流配送中来。

再次，在盈利模式维度上，智慧物流模式中，价值的创造绝不仅限于固定费用，其更为强调通过优质服务获取增量价值。

最后，在技术维度上，智慧物流需要利用移动互联网技术所有的强大的连接能力，实现线下与线下数据信息的实时同步。

◆物流园区引领全行业转型升级

技术及行业标准的缺失是限制智慧物流落地的一大阻碍，整个物流行业无法发挥集聚效应，而物流园区的出现则为解决这一问题提供了有效途径。

2015年8月公布的数据显示，我国物流园区总数量为1210个，处于正式运营阶段的为857个。作为能够有效提升服务服务效率、转变产业发展模式、响应国家"互联网+"战略的现代产业发展集群，物流园区为智慧物流的发展提供了有效支撑。

《关于积极推进"互联网+"行动的指导意见》文件中指出："在物流园区运营网络化、投资主体多元化及技术手段互联网化的行业背景下，发展'互联网+'高效物流必须要实现协同创新。"

以江西省为例，2015年2月，以江西发改委为代表的当地多个政府部门通过《精细生物流园区发展规划》对物流园区的集约式发展进行了统一部署，强调要让移动互联网、物联网、4G通信、云计算等新一代信息技术在物流园区中发挥关键作用。

从国内物流园区的整体发展水平来看，虽然国家及各个地方政府在政策方面予以了充分支持，但让这些政策真正在物流园区的建设中发挥强大的支撑作用还需要一段相当长的发展期。智慧物流作为一种新兴的产业模式，要想实现其快速落地，必须在积极引入高科技技术的同时，发挥龙头企业的带头作用，促进物流园区内物流企业整体服务水平的进一步提升。

　　以国家级示范物流园区为代表的现代化物流园区实现了仓储、配送的智能化与信息化，其行业门槛高、规模庞大，能够有效促进物流行业整体实现标准化。对于国内的上万家物流企业而言，现代物流园区的出现无疑为它们走向专业化及标准化提供了有效指导，使其能够共享智慧物流这一新兴产业带来的模式红利。

　　物流行业标准化的实现是我国现阶段要解决的重点问题，目前正在制订的《物流标准化中长期发展规划（2015—2020 年）》，对物流标准化建设提供了有效指导，文件明确了未来五年我国的物流标准工作，为物流标准专项规划标准、年度计划及管理方案的落地打下了坚实的基础。

　　发展智慧物流是物流行业在互联网时代实现转型升级的必经之路，在这场巨大的变革浪潮中，一些物流企业正在积极加快智能化及信息化建设，用互联网思维积极拥抱变革，争取在即将到来的智慧物流新时代获取海量的价值。

第 8 章

产业园运营：
物流园区的发展战略与运作模式

8.1 物流产业园的规划设计、投资开发与运营管理

8.1.1 物流园区总体设计与功能定位

由于国家经济水平及相关政策等多种综合因素的影响，不同国家的物流园区发展模式存在着明显的差异。下面我们将分别从功能定位、开发模式、相关政策及运营模式等几个角度来了解我国的物流园区发展模式。

整体来看，物流园区是物流集中作业的场所，它需要有各种类型的现代化物流设备提供支撑，园区管理人员对物流活动进行统一组织及管理，从而更好地控制物流运营成本，进一步提升物流运营效率，未来这将会成为物流行业的主流发展趋势。

在功能方面，物流园区涵盖了生产、加工、销售、配送等诸多环节；在空间方面，物流园区涵盖了整个物流产业链中的所有企业，借助于对功能及资源进行优化配置、搭建数据化的管理系统等，将众多的优质资源整合起来，从而最大限度上展现合体势能。

物流园区的功能主要包括两种：**宏观社会功能与具体业务功能。**前者

主要包括推动区域经济发展、完善城市功能、整合优质资源、加快行业发展进程等；后者主要包括包装、运输、仓储、搬运、加工、信息咨询等。

具体来看，各个地区的物流园区的功能定位存在着明显的差异，如图8-1 所示，其核心物流业务也有所区别。对物流园区的核心功能进行定位需要结合其承担的任务、周边企业类型、当地的交通水平等多种因素进行设计规划。

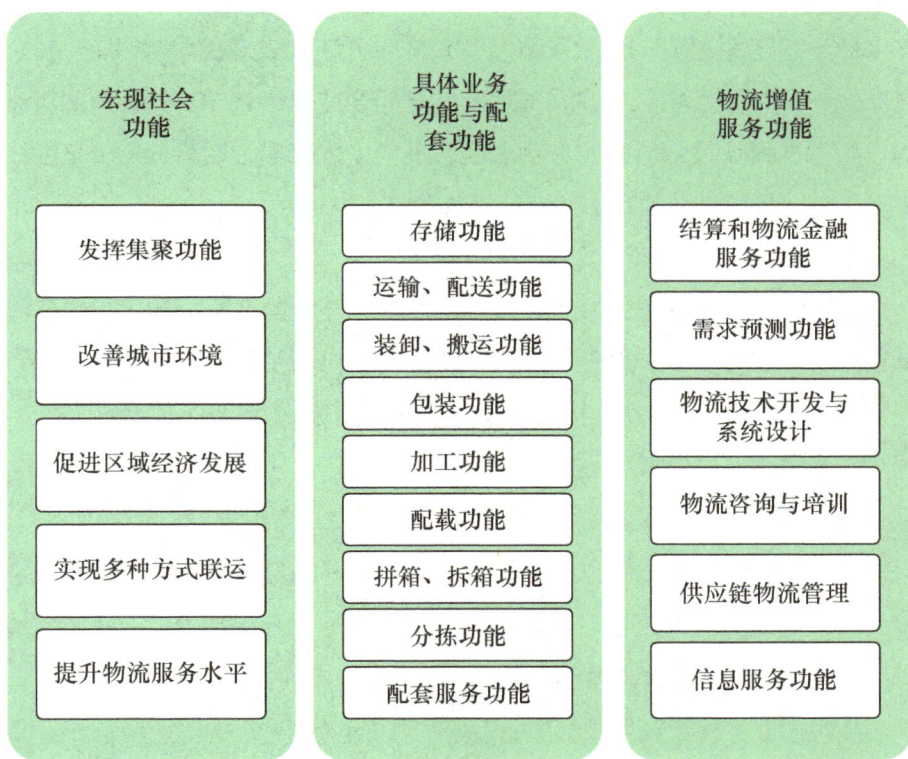

宏现社会功能

- 发挥集聚功能
- 改善城市环境
- 促进区域经济发展
- 实现多种方式联运
- 提升物流服务水平

具体业务功能与配套功能

- 存储功能
- 运输、配送功能
- 装卸、搬运功能
- 包装功能
- 加工功能
- 配载功能
- 拼箱、拆箱功能
- 分拣功能
- 配套服务功能

物流增值服务功能

- 结算和物流金融服务功能
- 需求预测功能
- 物流技术开发与系统设计
- 物流咨询与培训
- 供应链物流管理
- 信息服务功能

图 8-1　物流园区的功能定位

◆ 宏观社会功能

和普通的经济开发区与工业园区相比，物流园区是区域内的一种基础设施，它具有十分明显的公共性、基础性特征。物流园区的功能划分主要根据以下两种因素。

其一，将运力资源迁往城市相对偏远但交通较为便利的地区，从而缓解城市交通压力、改善城市环境、调整城市功能等，世界范围内代表性较强的物流园区主要是日本东京郊区总面积将近 3000 亩的四大物流园区。

其二，降低物流运营成本、提高物流配送效率，发挥产业集群的合体势能，这类物流区域中较为经典的是德国最大的物流园区——不莱梅货运村。

物流园区的宏观社会功能主要体现在以下几个方面。

（1）发挥集聚功能

物流园区的出现，使大量分散在城市各个区域的货物、货车、货站、商家及相关从业者聚集起来，借助标准化的制度、相对完善的物流基础设施、各种高科技技术等统一对物流活动进行集中管理，在降低物流运营成本的同时，更极大地提升了物流运营效率。

（2）改善城市环境

借助于对物流分布区域的有效规划及物流功能的合理分配，大幅度降低了物流活动对城市核心资源的占用。通过集中运输，减少货物流通环节，提升配送效率，并对运输货物的汽车进行统一监管，从而减少了尾气、噪声、扬尘等危害城市环境的几大主要污染物的排放量。

（3）促进区域经济发展

物流园区借助于统一化的管理及运营，充分满足城市区域内的物流需求。相关的从业者及企业聚集起来，能够极大地提升创造力，从而为区域经济发展注入强大的活力及动力。

（4）实现多种运输方式的有效衔接和多式联运

一般情况下，物流园区建立在城市交通枢纽或港口地区，这可以实现陆运、海运、空运等多式联运。此外，物流园区也将不同的物流运输形式整合起来，高效率低成本地将分散、杂乱的货物运输到各个目的地。

（5）提升物流服务水平

物流园区强大的资源整合能力，有效提升了物流服务响应时间及服务质量，通过数据化管理能够对货物的装卸、仓储、配送等诸多环节进行优化设计，从而有效提升物流整体的服务水平，为我国规模化、现代化及综合化的现代物流的实现打下了坚实的基础。

◆ **具体业务功能与配套功能**

物流园区具体业务功能是其最为基本的功能，它主要是指企业通过各种物流设备、科学技术、管理经验等，为存在物流需求的用户提供各种优质服务。通常来说，物流园区的具体业务功能涵盖仓储、包装、运输、装卸、加工、分拣及信息资讯等。配套功能则主要是与物流行业相关的金融、生活、娱乐、办公等功能。

（1）存储功能

通常情况下，物流园区通常会建立大型的仓储中心。这主要是由于物流园区内包括运输、仓储、配送在内的诸多物流作业活动，需要仓储环节提供支撑，强大的仓储能力是物流园区物流活动得以正常开展的重要保障。

（2）运输、配送功能

物流园区可以为城市之间的物流配送提供便捷高效的多式联运服务，在配送成本及配送时效方面具备明显优势。而对于那些城市内的同城配送服务，物流园区能够极大地满足生产商与渠道商、零售商之间的配送需求，可以作为电商平台解决"最后一公里"配送问题的有效途径。

（3）装卸、搬运功能

物流园区配备的大型搬运及装卸工具，能够很好地完成各种码垛、装卸及搬运任务，并尽可能地降低货物损坏率。

（4）包装功能

物流园区的包装功能，不但能够对商品进行加固、拼装，从而形成标准化的物流配送单品，还能够帮助客户进行简单的商业化包装。

（5）加工功能

为了更好地满足客户需求，物流园区通常会为那些存在长期稳定合作关系的生产商、分销商等提供产品加工服务。

（6）配载功能

为了解决传统配载流程中的高风险、高成本、低效率问题，物流园区会引入智能化的控制程序及应用软件对配载流程进行优化完善。

（7）拼箱、拆箱功能

物流园区可以将分散的货物集中起来，提升集装箱等运力资源的利用率，而且能够对生产商提供给各个零售商的产品进行分拣，并分配至各个中小物流服务商来完成零担配送。

（8）分拣功能

为了规范客户运送的大宗商品或者粗包装的产品，物流园区会对这类商品进行分拣及加工，通过这种增值服务，物流园区也能够提升自身的盈利能力。

（9）配套服务功能

具体来看，配套服务功能主要包括以下几个方面：加油、维修、停车场等各种汽车配套服务；银行、保险等金融服务；餐饮、娱乐、购物等生活类服务；海关、工商等监管部门的各类服务。

◆物流增值服务功能

随着各行业竞争的不断加剧，物流园区的客户除了存在仓储、包装、加工、配送等基本需求外，还需要物流园区在物流线路规划、订单管理、信息资讯、市场需求等多个方面提供各种增值服务。从物流产业发展十分成熟的德国及美国物流企业的发展情况来看，未来物流增值服务将会成为物流产业获取价值的关键所在。

（1）结算和物流金融服务功能

物流园区通常会与以银行为代表的金融机构进行战略合作，从而为物流服务商及相关的企业提供金融服务，例如，存货质押融资、帮助货主向收货人结算货款等。

（2）需求预测功能

物流园区需要根据商品配送数据对未来一段时间内的市场需求进行预

测，在帮助自身调整运力资源的同时，更帮助商家更好地生产、备货等。

（3）物流技术开发与系统设计

物流园区可以借助自身在整合资源方面的优势，通过推出各类优惠政策吸引高科技物流企业入驻，从而推动物流软件开发、物流技术及管理模式等方面的创新，进而创造更高的价值。

（4）物流咨询与培训

物流园区积累的运营经验及培养出的优秀人才，为其开展物流咨询及培训等增值服务打下坚实的基础，而且入驻了多家物流企业的物流园区能够吸引许多高校、科研、政府等开展合作，从而为广大客户提供完善的物流培训服务。

（5）供应链物流管理

高效管理生产商的供应链，无论是上游生产商提供的原材料、零配件、半成品等，还是加工商提供的成熟品，企业都能够为消费者提供完善的供应链物流管理服务。

（6）信息服务功能

通过打造物流园区信息平台，对公共物流信息进行共享，而且物流园区可以与全国范围内的各个物流系统进行联网，为客户提供实时信息资讯，比如，信息发布、车辆配载、统计结算等各种服务。

8.1.2 物流园区规划建设与开发模式

◆物流园区的建设方式

从整体来看，物流园区是一种重资产、回收周期长，而且需要众多监管部门进行管控的基础性产业。所以，无论是国内的物流园区，还是国外的物流园区，政府参与已经成为一种十分普遍的现象。当然由于国家经济发展水平的差异，政府在物流园区的建设过程发挥的作用也存在着明显的差异。

物流园区的开发模式主要包括以下三种，如图 8-2 所示。

| 政府规划、工业地产商主导模式 |
| 政府规划、企业主导模式 |
| 政府政策支持、主体企业引导模式 |

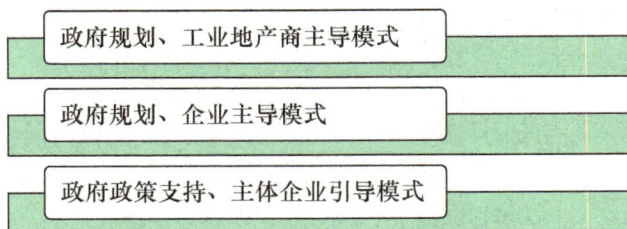

图 8-2　物流园区的三种开发模式

（1）政府规划、工业地产商主导模式

政府对物流园区的选址、规模、标准等进行设计规划，然后以竞标的方式引入工业地产商负责建设。物流园区建设完成后，物流企业通过租用或者购买的方式入驻，并由工业地产商对整个物流园区进行物业管理。

这种模式需要投入大量的资源，而由政府部门统一对园区进行规划设计能够有效提升园区整体的服务水平。一般来说，采用这种开发模式的物流园区通常具备海港、空港等战略性物流资源。

（2）政府规划、企业主导模式

政府对物流园区的区域进行规划，吸引企业入驻园区，并自行购买土地进行建设。但这种开发模式往往由于各家企业为了追求自身利益最大化而不顾全大局，整个物流园区的管理相对混乱，和上一种模式存在明显差距。

（3）政府政策支持、主体企业引导模式

这种模式一般由几家具备较强实力的大型物流企业合作，根据消费需求开发物流园区，由于物流园区对区域经济发展的巨大推动作用，地方政府通常会在税收、土地等方面给予扶持。在后续发展过程中，许多中小物流商也会被不断吸引进来，形成完善的大型综合物流基地。

◆物流园区的投融资模式

物流园区耗费的资源与其功能定位、服务范围等多种因素有关。目前来看，打造一个物流园区需要的成本主要包括土地成本、开发建设成本、运营管理成本及人事成本等。虽然物流园区通常会选择在较为偏远的地区，但其对交通条件的严格要求也决定其需要付出极高的土地成本，再加上购

入大量的配套基础设施，更是对开发者的融资能力提出极高的要求。

目前，国内的物流园区主要是政府进行投融资。在物流园区建设初级阶段，政府除了提供资金支持外，还会在土地价格、税收及金融服务方面提供帮助。由于物流园区拥有良好的发展前景，资本市场对投资物流园区也十分积极，从投资人构成来看，国有企业、合资企业和民营企业等都是物流园区的积极投资者。

◆物流园区的建设规模

不同物流园区的占地规模存在一定的差异，从现有的物流园区来看，规模较大的物流园区占地面积可以多达 2000 亩，而一些规模相对较小的物流园区占地面积仅不到 200 亩。

在对物流园区的建设规模进行规划时，不但需要考虑其在所处区域内的功能、当地经济发展水平、服务的市场范围、交通环境等宏观因素，更要考虑潜在入驻企业数量、配送产品品类、生产商及渠道商的规模等微观因素。

8.1.3 物流园区运营管理与盈利模式

◆物流园区的经营管理

从海外物流园区的发展实践来看，政府参与物流园区建设是一个十分普遍的现象，而且园区选址、设计开发、招商引资、政策制定等诸多环节都需要政府部门大力参与。

在德国、日本、美国、法国、西班牙等物流产业十分发达的国家，政府部门在物流园区的建设上发挥出了十分关键的作用。物流园区建成后，这些国家通常是引导一家相对独立的第三方企业，负责物流园区的日常管理及运营工作。

国内物流园区的开发模式包括政府规划、工业地产商主导模式，政府规划、企业主导模式，政府政策支持、主体企业引导模式。在前两种模式中，政府发挥的作用尤为关键，国有资产在许多物流园区的股权分配中占据很大一部分比例就是很好的证明。物流园区的运营及管理工作通常交给由政府引导成立的第三方园区管理公司或者外包给专业管理公司。

随着物流产业的巨大潜在价值被逐渐开发出来,各路玩家纷纷加入到物流园区的建设中。这使得物流园区的投资方构成愈发复杂,国有企业、民营企业、外商投资企业等投资物流园区十分常见。根据市场研究机构发布的数据显示,我国民营企业参与投资的物流园区数量排在首位,国家参与投资的物流园区数量次之,外资企业参与投资的物流企业数量相对较少。

物流园区管理及运营的重点是在符合现代企业发展理念,并为投资方创造价值的基础上为客户提供优质的服务。管理及运营方承担的具体职责主要包括以下几个方面。

(1)对物流园区的建设及运营整个过程进行管理,能解决园区开发、交通设施建设等方面的问题。

(2)打造、运营及管理物流信息平台,使物流园区内企业与主要的物流网络实现无缝对接。

(3)进行招商引资工作,对物流园区进行营销推广,以举办行业会议、出版专业期刊、投放媒体广告等形式强化物流园区品牌,进而吸引更多的物流企业入驻园区。

(4)协助监管部门与物流园区进行密切沟通,规范园区内相关企业的竞争行为等。

(5)组织园区内物流从业者参与专业公司、高校及社会机构举办的培训,培养优秀物流人才。

(6)对以药品、化工品为代表的特殊产品进行管理。

(7)提供业务办理、客户接待、处理纠纷等物流企业日常运营中所需的各类服务。

◆物流园区的信息化建设

物流园区信息化水平是衡量其综合实力的重要指标。随着科学技术的不断发展，以物联网、大数据、云计算为代表的新一代信息技术，使物流行业实现全面信息化具备了落地基础。国内物流园区对信息化建设的重视程度也提升到了前所未有的高度。信息化建设将会对物流系统的完善、优化物流信息传递流程、提升物流数据资源利用效率等产生十分重要的意义。

本质上，物流园区信息化建设是为了能够让物流企业以最低的成本、最高的效率实现物流信息在物流产业链各个环节之间的传递，从而推动整个物流行业的发展水平及经济的进一步增长。

物流信息化建设涉及物流信息收集、整理、加工、存储、传递等诸多信息流通环节的规范设计，维护物流信息系统正常运营等。一般来说，物流园区信息平台主要由以下四个模块构成，如图 8-3 所示。

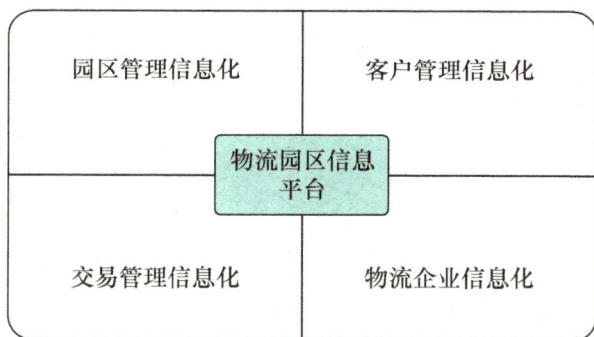

图 8-3　物流园区信息平台的四个模块

（1）园区管理信息化

园区信息化是对物流园区的日常运营管理进行信息化，它是物流园区能够高效、稳定运转的重要保障，也是衡量一个物流园区管理水平的关键指标。

（2）客户管理信息化

客户管理信息化主要包括订单管理、货物追踪、财务结算等物流园区内的客户的商业贸易信息化。

（3）交易管理信息化

交易管理信息化主要是入驻园区的物流企业与客户之间进行的交易信息化，需要实现 EDI 数据交换、供需信息实时更新与查询、交易订单数据化等，它代表了一个物流园区的现代化发展水平，是物流园区能够高效整合社会中的优质资源的重要标志。

（4）物流企业信息化

物流企业信息化是对入驻物流园区内的企业管理进行信息化，主要包括物流企业日常经营活动中的运输、仓储、加工、包装等环节的信息化。物流企业信息化是物流信息资源共享及物流管理现代化得以实现的重要基础。

总体来看，物流园区信息平台中的园区管理信息化，主要针对负责园区管理及运营的公司内部的日常办公，目标是为了自身能够更加高效低成本地开展相关业务。而其他三个模块则主要服务于入驻园区的物流企业及其客户，与应用服务商扮演的角色十分类似，即负责园区管理及运营的公司开发物流信息平台，入驻企业则购买或者租赁所需模块开展日常运营。

◆物流园区的盈利模式

从各大物流园区公布的财务数据来看，目前国内物流园区的收入主要来源于货场及仓储中心的租赁费用，办公场所、基础设施租金及物业费次之，增值服务费用、设备租金、土地增值等为物流园区贡献的收入仅占总收入的很少一部分，如图 8-4 所示。

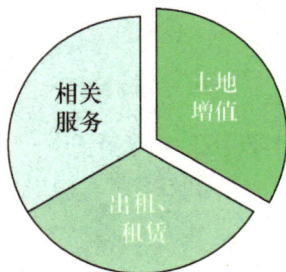

图 8-4　物流园区的收入来源

不难发现，通过收取土地、设备等资源的租赁费用完成价值变现，仍是我国物流园区实现盈利的主要形式。但从德国、日本、美国等物流园区十分发达的市场来看，以信息咨询、物流服务解决方案为代表的增值服务逐渐成为物流园区收入的主要来源，而且这种盈利模式溢价能力更高，能为需求方创造更大的价值，在未来的发展实践中，我国的物流园区服务商需要在这一方面给予高度重视。

8.1.4　我国政府对物流园区的扶持政策

作为一种公益性质的基础性服务设施，物流园区能够对所处区域的经济发展水平带来较大的提升。但要建设一个物流园区，不但需要投入大量的资金、技术等资源，而且其投资回报周期相对较长。所以政府在物流园区的建设过程中，给予足够的资源、政策等方面的扶持就显得尤为关键。

许多国家的大型物流园区能够在世界范围内建立强大的品牌影响力，与政府部分给予的政策扶持存在着直接的关联。例如，德国政府除了在土地及交通基础设施建设方面给予扶持外，还通过投资的方式推动各州积极建设物流园区；法国为了刺激国内企业建设物流基地，不但提供银行贷款等资金方面的支持，还在一定时间内减免税收；日本政府专门为物流园区建设提供长时间低利率的商业贷款等。

我国政府在扶持物流园区的建设过程中也摸索出了一些经验，并在物流园区的开发、运营及监管方面发挥了十分积极的效果。主要包括以下几种。

◆协调部门关系

物流园区的建设和普通的城市经济开发区等设施存在较大的差异，它需要交通、海关、税务、工商、发改委及国土资源等多个部门共同参与，可能入驻的物流企业类型也十分复杂，比如，国营物流企业、民营物流企业、合资企业和外资企业等。

由于国内物流行业建设相对落后，区域之间的物流资源分配不均衡，必须从政府角度对各个监管部门的职责进行进一步明确，从而有效推进我国物流产业快速而稳定的发展。

◆**出台行业规范**

物流园区是一个各种类型的企业相对集中的场所，不同企业的经营范围、规模大小、管理水平等存在明显差异，一些企业为了追求自身利益可能会利用价格战等方式进行恶性竞争。所以，物流园区需要建立统一的行业标准及准则，来对企业的竞争行为进行约束，最终打造出一个资源共享、公平有序、健康稳定的物流产业基地。

◆**加强交通基础设施建设**

物流园区每天有海量的货物进出，这就对其交通承载能力带来了巨大的挑战。落后的交通建设不仅会妨碍物流运营效率，更容易引发交通事故，危及相关从业者的生命。所以，加大物流园区交通基础设施建设投资力度，强化物流园区的交通承载能力，将是其得以发展壮大的关键所在。

◆**制定优惠政策**

优惠政策会对相关从业者及企业的积极性产生直接影响。从我国物流园区的发展历程来看，政府部门普遍采用的扶持政策主要包括以下几种。

（1）**土地优惠政策**

物流园区的土地主要用于交通运输及建立仓储中心，办公、交易、服务等环节占用的土地面积相对较小。基于物流园区对区域经济发展的带动作用，当地政府在物流园区建设用地的价格方面应该给予足够的优惠政策，例如，出让金减免、长期低利率分期付款等。

（2）**税收优惠政策**

从物流行业的发展实践来看，物流行业需要投入大量的资源，但其回报率却相对较低，而且回收期也相对较长。更令物流从业者感到无奈的是，目前物流行业还存在着纳税流程复杂、乱罚款、重复纳税等税收方面的问题，这使得物流企业的运营成本明显增加。要想解决这一问题，政府部门需要从实际出发，通过税收减免、税收返还等方式降低物流企业的税收负担。

（3）资金优惠政策

物流园区的完善需要长期投入大量的人力及物力，像仓储中心这种基础性设施还存在着较高的风险，由于投资回收期长，企业的资金链可能会受到较大的压力。所以，政府部分可以在资金方面给予物流园区一定的政策支持，如贴息贷款、专项贷款、利率优惠、城市建设用地价格优惠等。

（4）其他优惠政策

开放型物流信息平台、物流发展基金、物流人才培养、物流公共项目等方面的扶持，政府还可以尝试采用贴息、奖励、补助等方式。

8.1.5 【案例】罗宾逊全球物流的轻资产运营模式

罗宾逊全球物流有限公司（C.H.Robinson Worldwide）是一家第三方承运物流企业，其规模在北美地区排名第一。同时，该公司的卡车运输体系也是北美地区其他同类企业无法比拟的。

罗宾逊全球物流有限公司在 2013 年的营收规模达 128 亿美元，2014 年上升到 135 亿美元。不仅如此，在美国《财富》杂志列出的"2013 年美国 500 强企业"中，该公司处于中游以上的地位，并在运输领域居于冠军位置。该公司通过公路运输获得的营业额占据总体的八成，然而，该公司并没有运输车辆。

罗宾逊全球物流有限公司在初期发展阶段主要经营水果与蔬菜，之后才转入物流行业。那么，该公司怎样通过较少的资金投入，实现了利润最大化？在没有运输车辆的基础上，如何达到了上百亿美元的营收呢？

◆ 罗宾逊全球物流的发展历程

1905 年，罗宾逊全球物流有限公司成立，迄今为止，该公司的发展已经经历了 110 多年，在北美地区备受青睐，发展势头良好。其物流供应服务覆盖世界多个国家与地区，拥有多元化的运作模式。

罗宾逊物流公司的总部于 1919 年迁移到明尼苏达州明尼阿波利斯，之后，在 1968 年对企业内部的运输业务进行改革，将肉类产品的运输作为其主导业务之一。20 世纪 80 年代，美国国会批准《汽车运输法案》，使货物运输企业与客户之间在交易方面更加灵活自由，进一步推动了罗宾逊公司经营范围的延伸。

罗宾逊国际公司于 1989 年落成，使得企业经营范围得到拓展，为运输公司提供货物收运服务，并负责进出境手续及相关海关事务。八年后，C.H 罗宾逊全球物流有限公司投入运营，进一步向外延伸了公司的业务，在世界各地建立了公司的服务部门，包括亚洲、欧洲、美洲等地区，总数超过 200 个，顾客数量在 3.7 万以上。

罗宾逊物流公司是一家国际化的第三方物流企业，有权威机构对 2012 年世界物流公司进行了排名，罗宾逊全球物流居于第五名，同年，公司营收规模达 114 亿美元。美国《财富》杂志每年都会对本国企业进行排名，罗宾逊物流公司自 2003 年开始，一直位列其中，并于当年在达斯达克交易市场成功上市。如今，公司的大部分股权掌握在内部员工手中。

罗宾逊物流公司在中国也进行了市场开拓，于 2006 年在我国的上海成立分公司，在天津、大连等地区也设有该公司的分支。

数据统计显示，罗宾逊全球物流从公路运输获得的营收在其总体营收中占据很大的比例，但事实上，罗宾逊本身并没有运输车辆，也就是说，该物流企业类似于空车配货站。不过，空车配货站又不能完全概括该公司的运营方式，所以，罗宾逊物流将自己定位为 NTOCC（无车承运人）。

虽然罗宾逊公司在美国所有的卡车运输企业中居于首位，但该公司的运输车辆都是来自于其合作企业。大约有 50000 个美国的卡车货运企业与该公司达成合作关系，其运输出车辆的总体规模可达 100 万。

通过联手这些卡车运输公司，罗宾逊物流建立的运输网络覆盖至全国各个地区，在货物运输需求者及卡车司机之间搭建起沟通的桥梁，为众多客户提供运输服务。

◆别具优势的轻资产运营模式

全球最著名的管理咨询公司——麦肯锡认为轻资产运营模式具有多方面的优势，能够提升企业的盈利能力，加速企业运转，倡导企业借用合作伙伴的资源，找到产业链中利润空间最大的环节，将其作为企业的主导业务，在低成本消耗的基础上，帮助投资者获得最大的利润回报。

按照以往的竞争观念，企业主要通过控制自身的成本消耗或突出自身独特性、避免同质化的经营模式，在竞争中取得优势。轻资产经营模式则不同，采用这种模式的企业，围绕客户与利润获得来制订自身的发展规划，与同类企业展开竞争。

对他们而言，客户坚持的价值理念能够给企业运营带来很大影响。通常情况下，在物流领域，采用轻资产运营模式的企业，会将那些需要大量资本投入的业务承包给其他公司，利用他们的团队化运作方式来完成这些任务，企业本身将精力集中在利润空间最大的环节上。

罗宾逊全球物流的三大核心理念是"IT、People、Progress"，从中也能够体现出该公司采用的是轻资产运营模式。

（1）擅长企业管理

罗宾逊物流公司之所以能够实现突破百亿的营收，离不开企业本身对运输车辆资源的优化配置。虽然自身没有雄厚的实力基础，但罗宾逊全球物流凭借自身的平台优势，将 5 万多家的卡车货运公司的车辆资源汇集到一起，因而其在竞争过程，要比那些具备丰富卡车资源的实力型企业更胜一筹。不过，这需要罗宾逊公司本身具备优秀的管理能力，能够设置科学的管理体系。

罗宾逊全球物流能够科学把握运力市场的需求规模，从而对货车资源进行合理配置，并能够根据市场行情制定合理的价格标准。在其发展过程中，罗宾逊的经营范围不断拓展，如今已包含货物存储、进出境及相关海事事务的办理等业务，不过，对承运人的批准及合作关系的处理，仍然是其主导业务，与而其他物流企业的运营方式存在较大区别。

（2）运用先进的技术

在通过电话方式联系运货人的同时，罗宾逊物流非常注重技术研发及先进技术的应用，并给予大规模的资金支持。据悉，公司内部的信息技术专业人才达 500 个，罗宾逊物流每年在信息技术方面的资金成本消耗可达 7500 多万美元，不仅如此，该公司在 2011 年对 Memory Gate 信息技术研发项目投资了上亿美元。

因而，罗宾逊物流公司在技术方面拥有领先优势，被很多企业看好。该公司的运输管理中心与美国唯绿公司（其饮品包装业务在世界范围内都享有较高声誉）联手，利用公司领先的技术治理服务，负责唯绿公司在北美地区的货物运输，不仅增加了公司的营收，也提升了品牌影响力。

（3）在企业盈利方面拥有明确定位

通常情况下，有货物运输需求的企业，会组建专业化运营部门，对市场上现有的运输公司进行多方分析与比对，从而选出能够满足自身需求、性价比较高的企业进行合作。一般来说，这些企业在寻找合作的过程中，会对运费价格做出要求，希望减少自身的运费成本，然而，若价格过低，就意味在质量方面要冒较大的风险，而企业本身也需要投入很大的时间成本来寻求合适的物流企业。从这个角度来分析，罗宾逊物流则能够更好地满足客户的需求。

罗宾逊公司的运营模式不同于一般的第三方物流承运企业，它能够在提供运输服务的同时，在价格方面达到承运商的要求。如此一来，服务质量方面不容易出现问题，承运商的营收也不会降低。

罗宾逊物流公司利用自身的平台，实现众多运力资源的集中分配，能够满足货主的需求，向其收取一定的服务费用，但与罗宾逊达成合作关系的运力提供方无须向该公司支付费用。而我国类似平台在运营过程中，则向加盟者收取费用。

通俗地讲，罗宾逊公司的运营模式使小规模、分散的运输公司集中起来，共同服务于那些拥有大量货运需求的企业。不同的是，我国大部分小规模的运输公司，需要经过代理商、承运商等各个中间环节，才能连接到货主，而中间商会在这个过程中收取一定的费用，等到运输公司那里，扣除这些费用之后，最后真正获得的利润十分有限。

罗宾逊公司是实践轻资产运营模式的代表企业，在发展过程中，非常注重客户的理念与自身的利润获取。通过对合作企业的资源实现整合，来增强自身的盈利能力，扩大利润空间。

正是因为采用轻资产运营模式，罗宾逊的资金运转效率高，财务方面的运营比较稳定，风险较小，在交易过程中，能够及时完成运费支付，比其他同类企业具有更加明显的优势，因此，该公司与众多货运企业达成长期的合作关系，为自身的正常运营提供了保障。

8.2　深度揭示德国物流园区的发展战略与运作模式

8.2.1　德国物流园区的发展历程

现代物流体系在国民经济发展中占有越来越重要的地位，各国也十分重视物流园区的发展。其中，德国的物流园区建设较具代表性，对我国现代物流体系的发展具有重要的借鉴价值。

简单来看，德国物流园区将打造综合性交通运输体系作为主要目标，以优化利用物流资源，实现物流运输的高效、精准、合理。在园区具体发展上，采用"联邦政府统筹规划，州政府市政府扶持建设，公司化经营管理，入驻企业自主经营"的模式，既保证了园区建设的战略方向，又充分发挥了相关企业的积极性、主动性和创造性，从而推动了物流园区的发展建设。

德国统一后，为解决国内经济发展的巨大差异，平衡全国经济，实现真正意义上的统一，德国政府以交通基础设施为突破口推进全国经济的发展。在此过程中，德国政府深切体会到了物流资源优化整合在发挥区位优势、进军中欧市场过程中的重要性。为此，德国政府选择以物流园区的模式推动现代高效物流体系的建设，实现物流资源的优化整合与高效利用。

德国选择以发展较为完善的交通运输体系为突破口打造物流园区，在对交通干线、运输枢纽、物流发展状况等多方面因素综合考虑的基础上，德国政府制定了物流园区的整体发展规划。

1992 年，在充分考虑现有铁路运输的基础上，联邦铁道部和东德铁路局联合制定了"全国物流园区的总体规划"，开启了全国物流园区的建设步伐。到 1995 年出台第二个总体规划时，德国物流园区数量已达 39 个，覆盖全国的物流网络已见雏形。虽然后来的铁路私有化使物流园区发展规划没能继续执行下去，但在 2002 年，物流园区建设重新被纳入了德国交通网络发展规划中。

德国物流园区的成功发展与政府注重基础研究、可行性分析，以及新技术的应用密不可分。例如，1999 年联邦政府就通过德国物流协会对当时物流园区的发展现状进行调研分析，以制定园区发展程度的衡量指标，实现对各物流园区发展情况的精准把握；2002 年，克朗兹货运中心与德国电信协作，成功启动了对物流园区发展具有重要意义的远程数据传输平台项目；2003 年，德国交通部提出要采取更多的举措扶持和推动物流园区的发展建设。

多年的深耕布局使德国最终打造出了覆盖全国的物流园区网络。而物流园区网络的发展完善以及与物流企业协作形成的规模效益，推动了物流产业的快速发展，进而又带动了德国整体经济的稳步前进。

具体来看，物流园区对物流产业、地方经济乃至国家经济的价值主要体现在 4 个方面，如图 8-5 所示。

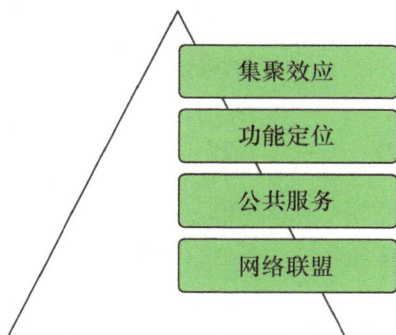

图 8-5　物流园区的 4 个主要价值

◆**集聚效应**

德国每个城市或经济区域只有一家综合性的物流园区，因此容易围绕园区实现物流资源的集聚。

以德国最大的物流园区不莱梅货运村为例。1987 年起步运营时该园区仅有 5 家物流企业，当前却聚合了超过 190 家物流企业和 50 家生产型企业；园区的从业人员规模占了不莱梅市总人口的 1.6%，达到 8000 人；同时，不莱梅货运村承担了不莱梅港 70% 的货物集散，成为该地区物流集中投资、集约运营、集聚发展的专属功能区。

与不莱梅货运村类似，同为德国最大物流园区的纽伦堡货运村占地 3.4 平方公里，进驻企业超过 250 家，就业人数约为 6000 人，集聚效应也十分明显。

◆**功能定位**

除了少数服务于某一产业的专业性物流园区，德国多数物流园区的发展方向都是在有限的空间中尽可能纳入更多物流功能，以通过功能多元化和服务一体化提高效率、降低成本。具体来看，这些物流园区的主要功能包括以下几种。

（1）多式联运功能

这是德国物流园区最具特色的地方，主要得益于德国比较发达完善的交通基础设施系统。多式联运注重公路、铁路、水路等不同运输方式的合理配置和有效衔接，以实现物流运输的经济性、合理性。

运输方式的选择上，不超过 350 公里主要依靠公路，距离更长的话则侧重铁路，内河运输主要负责大宗货物。同时，德国政府通过财政补贴的方式将物流园区中的铁路吊装等基础设施转化为完全开放的公共服务设施，以更好地发挥多式联运功能。

当前，德国物流园区的多式联运服务已十分发达成熟。例如，不莱梅货运村的多式联运装载容量达到了 23 万立方；杜伊斯堡联运码头在铁水联运、公铁联运的基础上，创造出一种适应阿尔卑斯山区路况的"移动的公路"服务，可以在公路运输困难的地段让大货车通过铁路运输到达中转站，然后再进入公路驶向目的地。

（2）集货和转运功能

为了将集聚效应真正转化为成本优势并打造绿色物流，德国物流园区十分注重园区内部以及园区之间的组织化、协同化运作，由此发展出集货和转运功能。

集货功能通过提高单车装载率，减少了运送车次，降低了物流成本；同时，德国物流园区还计划推出"超级卡车"项目，通过增加车厢数量、加大车厢空间进一步提高卡车的装载量，从而有效降低长途运输成本。

另外，物流园区还是区域间的物流节点以及区域内的分拨中心。借助多式联运和区域转运，物流园区将跨区域运输的形态由"多点多头"转变成了"园区到园区"间的高效运输，从而大大提升了整体物流的规模化、协同化效应；同时，各园区内的桥式集装箱和甩挂运输设施，使转运系统更加高效便捷，成本优势突出。

（3）城市物流功能

德国还将物流园区建设与城市整体规划紧密联系起来，注重园区的城市物流功能。例如，物流园区将配送系统和物流作业从人口密集的城区中分离出来，既实现了集聚效应，又减少了城区的交通拥堵、环境和噪声污染等方面的压力，同时也能够进行全天候作业，大大提高了物流效率。而园区和城市之间的物流衔接则主要通过小型货车完成。

◆ 公共服务

德国物流园区还为进驻企业提供场地出租、多式联运、转运节点、物流基础设施使用等诸多公共服务，以及洗车、加油、餐厅等配套服务站点。同时，为进一步降低单位成本，物流园区还十分强调进驻企业的互动协作，如组织园区内的企业集中采购设备、燃油、保险，对企业员工进行技能培训等。

◆ 网络联盟

德国以物流园区为依托构建了一个覆盖广泛、全面协同的物流服务网络。一方面，所有货运村都是 DGG（德国物流园区协会）的一员，并通过 DGG 实现协同运作；另一方面，DHL、德迅、辛克等德国大型物流公司通过对不同货运村的投资布局，打造了自身的物流网络。

同时，那些没有实力独自投资各园区的物流企业，则通过联盟的形式对物流园区进行投资布局，以获取跨园区的协同效益。如由 80 家物流企业组建的 Cargoline 联盟，就通过成员间彼此共享在不同园区的投资资源，实现了跨园区的业务协同和网络化运作。

另外，依托各园区的网络化物流运作系统的成型，也进一步增强了不同货运村之间的连接协同，从而提升了德国整体物流系统的运作效率。

8.2.2　德国物流园区的运营开发模式

德国物流园区从研究、立项、规划到建设、运营的周期很长。一个项目要经过联邦政府、州政府、地方政府一直到居民委员会的层层审批，因此一届政府很难完成，大多要经过 10 年以上的时间。例如，威廉港在 2004 年就开始规划，但直到 2012 年 8 月才正式运营；而临港物流园区的开发预计还需要七年时间。

与我国类似，地方政府在德国物流园区的开发中占据着主导地位。一般是成立一个由政府代表和专家组成的管理委员会（也称咨询委员会或计划委员会）和一个由政府、物流公司或物流基础设施投资商组成的发展公司（政府控股或参股）。前者主要负责物流园区开发前期的征地、规划等行政层面的工作，并对相关项目的实施情况进行监督；后者则承担项目的实施、招商和运营管理工作。两个组织相对独立，并通过分工协作保证园区开发项目的顺利落地。

以奥格斯堡货运村的开发为例。这是一个由巴伐利亚州的 Augsburg、Gersthpfen 和 Neusab 三市共同打造的物流园区。

计划委员会：三市代表共同组成委员会，统一协调三个行政区在物流园区开发中的土地分摊、征地、公共市政设施等各方面的事项。

货运村发展公司：董事会股东分别来自三个行政区，主要负责项目的可行性研究、购地和招商等工作。

在物流园区开发建设中，发展公司首先从计划委员会购得被征用的土地，然后将这些土地分块转售给进驻园区的企业，实现招商引资的目的。两大机构的财政目标是实现收支平衡，而非通过土地交易获利；同时，在物流园区开发完成后，这两个机构也会随之解散，园区的运营管理由市政接手。

政府在物流园区开发中的主导作用并不意味着包揽一切，而是"有所为有所不为"，以便既始终保证物流园区发展的方向性，又充分发挥出企业等市场主体的积极性和创造性。

◆**政府在物流园区的角色定位**

德国政府在物流园区开发建设中进行了精准的自我定位，既在宏观层面引导发展方向，成为园区开发的主要推动者，又通过多种举措充分发挥企业的创新创造活力、实现市场化运作，再加上完善的基础设施和先进的物流技术与设备，共同促成了德国物流园区模式的成功。

◆**政府是物流园区基础设施的主要投资者**

物流园区开发周期长、资金需求量大，仅靠市场化运作或企业投资很难完成园区基础设施建设。另外，政府对物流园区的定位也并非单纯的经济利益诉求，而是希望能够提供更多的公共服务，以更好地发挥园区对地方经济的辐射拉动作用。因此，政府在物流园区基础设施建设方面必须"有所为"。

在德国物流园区开发中，各州和地方政府扮演着基础设施和公共服务设施建设过程中主要投资人的角色，而信用贷款、企业投资等只是补充资金。除了承担必要的基础设施建设，政府还通过让利的方式吸引更多企业进驻物流园区，以借助市场化运作优化园区物流服务。例如，不莱梅州政府以投资和土地置换的方式推动不莱梅物流园区的基础设施建设，成为该物流园区开发的一大特色。

整体来看，政府大力引导和扶持是德国物流园区建设的重要推力，当前成立运营的众多物流园区都是由德国政府作为主要投资者建立起来的。

◆**政府承担或资助物流园区的公共设施建设**

德国政府在物流园区建设中主要采用多方合作模式，由政府和私人共同投资建设物流园区。其中，政府负责投资建设土地、公铁、通信等物流园区的公共基础设施；私人则主要基于自身发展需求对物流设备、设施等方面进行投资。

另外，为提高企业进驻物流园区的积极性，德国政府还对入驻企业提供水电等方面的建设资助资金。而在公铁联运中转站等重大项目的建设上，政府更是给予最高可达 80% 的投资资助。

◆**政府仅作为物流园区经营的中立角色**

与物流园区建设方面的"有所为"不同，在园区具体运营中德国政府更多的是将自身定位于"无为而治"的中立者和服务者角色。

物流园区有专门的运营机构，政府不会对其进行干预；同时，政府还会通过政策引导、秩序打造与维护等方面的工作，积极为按照市场化运作的园区运营机构和物流企业营造一个公平公正、健康有序的发展环境。

德国政府充分发挥宏观调控功能，致力于基础设施、土地开发、公路铁路交通设施、公铁联运中转站等园区和物流企业无法独自完成的建设项目；基于自身的协调和领导能力，积极在行政区域之间、企业之间以及企业与政府之间进行关系的连接、协调与维护，为物流园区打造一个健康、合理、有序的发展环境；同时，政府还在土地、税收、产业等多个方面给予入驻企业优惠扶持政策，以更好地发挥物流园区的功能。

8.2.3 德国物流园区的主要发展特点

当前德国已有 33 个物流园区，基本形成了覆盖全国、高效协同的物流园区网络系统。在开发方式上，采用合作模式的物流园区数量占 1/3，其余则是由私人投资建设。我们主要分析以合作模式为基准建立的 11 个物流园区的发展特点，以为我国政府和相关企业打造现代物流体系提供借鉴。

德国物流园区的发展特点可简单概括为"联邦政府统筹规划，州、市政府扶持建设，公司化经营管理，入驻企业自主经营"。政府主导物流园区的开发建设，但在园区投入运营之后，政府便"退居幕后"，通过不以营利为目的的参股形式与入驻园区的企业成立发展公司，为这些企业提供相关服务。

德国物流园区基础设施完善、规模大（平均规模约为 140 万平方米）、功能完备、服务水平较高。例如，除了仓储、运输、配送、包装等物流增值服务，园区还设有海关、金融、保险等部门的工作点，以便为有相关需求的企业提供便捷高效的服务；同时，物流园区还建立了包括维修保养厂、加油站、餐厅等站点的综合性服务中心，以便为物流需求者提供公共设施和优质服务。

通过设施、人才、技术、信息等方面的集约化经营和多元、全面的配套服务功能，德国物流园区的辐射范围大大拓展，对地方经济也具有了更强的拉动作用。

另外，德国物流园区的发展也离不开发达的第三方物流企业和先进的节能环保技术。

德国物流产业发展具有高度的社会化特质，很多企业都会将非核心的物流业务外包给第三方物流。当前德国 99% 的运输业务和超过一半的仓储业务都是由第三方物流承担，这也使第三方物流企业成为推动物流园区发展的主力军。

专注于物流产业服务的不莱梅物流集团公司（BLG），就为不莱梅物流园区的相关企业提供运输、仓储、装卸、代理、配送等一体化的第三方物流服务；而凭借在汽车、合约与集装箱物流领域的发展优势，BLG 已成长为德国物流产业的领跑者。

技术层面，德国十分注重物流教育和先进物流技术的研发推广，从而使物流园区拥有着全球领先的技术与设备。例如，德国物流园区除了拥有现代化仓库这一标配，还设有冷藏集装箱堆场、特种箱堆场等先进的物流运作基本设施；物流园区普遍采用扫描、条形码等先进物流技术，极大提高了物流园区的运作效率，降低了物流成本。

同时，作为一个具有超强环保意识的国家，德国在发展物流园区中十分看重环保因素，并凭借先进的物流技术在环境保护方面取得了较大成效。

以交通运输环节为例。在德国，政府会对使用节能环保设备的企业进行补贴，而上路的车辆也必须符合相应的环保标准；通过对驾驶人员进行严格的节能驾驶培训，物流车辆的油耗能够减少 10% ~ 20%，而由此节省的成本中 50% 会奖励给驾驶人员；借助信息化手段优化配置物流资源，实现货车的更高效利用，减少空驶率；多式联运，通过不同运输方式的衔接配合，实现更加合理的物流运输；置轴挂车列车被用于公路集装箱运输中，有效减少了碳排放量。

此外，政府在规划建设物流园区时，还会在园区外购置相同面积的绿地，而物流园区内也要配置 25% ～ 30% 的绿地。这些绿地既是一种园区景观，也发挥着吸纳雨水的功能。德国物流园区内还拥有太阳能发电设备，其产生的电力会纳入统一电网中。而这种清洁电力的入网价格要高于用电价格，因此不仅环保，还能够创造收益。

8.2.4 德国物流园区对我国的借鉴与启示

德国物流园区的成功经验对我国发展物流园区、打造现代化物流体系具有重要的参考借鉴意义，主要体现在 4 个方面，如图 8-6 所示。

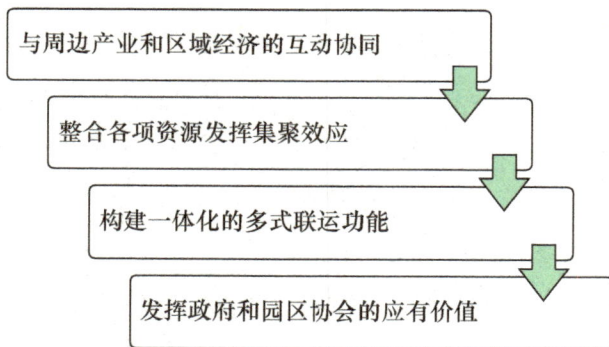

图 8-6 德国物流园区的 4 个借鉴意义

◆ 与周边产业和区域经济的互动协同

德国物流园区的发展不是孤立进行的，而是十分注重与周边产业和区域经济发展的互动协同，这是德国物流园区能够成功并具有可持续发展能力的重要源泉。

德国物流园区并没有单纯追求本身的经济效益，而是更多地将园区视为一种改善投资环境、促进相关产业和区域经济发展的公共基础设施，从而使物流园区与周边产业和区域整体经济互为依托、相辅相成、协同共进。

相比之下，我国很多物流园区在发展建设中都忽视了这种依存关系和公共服务定位，园区规划没有立足于产业协同，也与区域经济的发展状况不相契合。甚至有些物流园区的出现只是为了迎合国家政策导向和发展潮流，是"为建设而建设"，不仅无法发挥应有的价值，还造成了巨大的资源闲置和浪费。

因此，我国应充分借鉴德国物流园区发展的有益经验，将物流园区与周边产业和区域经济发展协同起来，探索健康长远的发展路径。

◆整合各项资源发挥集聚效应

发展物流园区的一个重要目的就是将分散的物流资源整合起来，通过更优化的配置和更高效的利用获取规模效应、协同效应和聚合效应。因此，能否将更多的物流企业聚集起来实现集约化和共同化运作，对物流园区的发展至关重要，也是园区在开发运作阶段就应充分考虑的问题。

对此，德国物流园区以"均衡化"为理念进行招商，即将有限的园区空间尽可能分配给更多不同单位，避免出现一家独大的物流企业，以便最大限度地提高物流园区的集聚度和多元化功能属性。

我国物流园区的主要问题恰在于此。在吸引企业进驻园区的招商活动中，大多存在着"重外资，轻内资""重明星企业，轻草根企业"等具有主观偏向性的行为：有些园区的投资要求过高，将众多中小企业拒之门外；有些则在土地、税收等优惠扶持政策方面根据对象不同区别对待。

由于没能注重招商软环境的建设，国内一些物流园区虽拥有一流的硬件配套条件，但依然难以有效吸引物流企业的进驻，从而导致园区空置率高、资源浪费，自然也无法像德国物流园区那样实现健康良性发展。因此，我国物流园区应在"聚"这个问题上下更多功夫。

◆构建一体化的多式联运功能

一体化的多式联运是德国物流园区提高运输效率、降低整体物流成本的有效方式，也是我国当前物流园区发展中亟须补齐的短板。

与德国物流园区多靠近"水、铁、公"运输交互点、注重多种运输方式的合理衔接与组合不同，我国物流园区受制于体制机制等多种因素，在规划发展中难以实现不同部门的协同配合，不论是在联运设施、技术还是部门间的衔接协作方面，都远远无法与德国相比。

物流产业是现代国民经济发展的支柱，而物流园区也正成为社会物流活动的聚集地。因此，我国物流园区在发展过程中应勇于打破体制机制方面的束缚，构建一体化的多式联运功能，以真正发挥出物流园区在现代化物流体系发展中的重要价值。

◆发挥政府和园区协会的应有价值

地方政府精准的角色定位和在园区发展中的有的放矢是德国物流园区能够实现合理、健康、良性、长远发展的重要保障。这虽然拉长了物流园区的开发周期，但却有效避免了跟风建设和资源浪费，也保证了物流园区的公共属性和社会服务功能。

相反，我国近些年的物流园区虽然发展迅猛，但由于政府没能发挥好引导协调作用，导致一些园区定位不清、盲目投资、重复建设等问题比较严重，既造成了大量的资源浪费，也无法有效发挥出物流园区的应有价值。因此，我国地方政府应该积极学习借鉴德国政府在物流园区开发中"有所为有所不为"的理念，科学规划和引导园区发展方向，真正发挥出"政府搭台、企业唱戏"发展模式的精髓。

除了政府宏观层面的把控引导，德国物流园区协会在解决实际问题，打造公正公平、健康有序的园区发展环境中也发挥着重要作用。我国应积极借鉴这一点，通过园区协会促进政企之间、企业之间的沟通协调，并有效解决园区发展建设过程中政府不方便解决、企业又没有能力解决的问题，从而在园区规划、建设、运营、管理、合作和交流等方面发挥重要价值。

8.2.5 【案例】不莱梅物流园区：物流园区的典范

从 1985 年不莱梅州政府同意开建到如今，不莱梅物流园区在三十多年的发展中已成长为德国物流园区发展的典范，是德国入驻率最高的物流园区（入驻的物流企业超过 190 家），并取得了较为显著的社会和经济效益。

该物流园区的建设方案最初由德国海运与物流研究所艾克斯坦提出，选址位于离不莱梅内港及内河港口 20 公里的地方，该地域临近不莱梅铁路编组站，连通公路、铁路干线。开发模式上，主要是不莱梅州政府通过直接投资和土地置换的方式进行投资建设。

不莱梅物流园区的原址是 200 公顷的盐碱地，州政府在以每平方米 6～8 马克的价格征用后，成立了"经济促进公司"负责具体的开发建设。该公司首先进行了不莱梅物流园区的"三通一平"（水通、电通、路通和场地平整）和配套基础设施建设，然后通过三个阶段招商吸引了众多的物流企业进驻园区，并由这些入驻企业完成物流园区地面上的设施和建筑项目。

第一阶段是以卖或租的方式开放全部 200 公顷土地。其中，购买土地的价格为每平方米 30 马克；出租价格则为每平方米 4.29 马克，租期为 30 年。第二阶段只卖不租，价格为每平方米 50 马克。第三阶段则以每平方米 70 马克的价格售卖土地。如此，物流园区总共获得了 10 亿马克的投资，其中不莱梅州政府以土地置换、土地交易价差和税收的形式投资 5 亿马克，进驻园区的企业承担了另一半投资。

经营管理方面，不莱梅物流园区采用的是州政府和入驻企业共同出资的股份制形式，出资比例为 1:3。在园区组织管理机构股东大会之下设立由三人组成的物流中心发展公司，股东大会以大型物流企业的经理为候选人负责公司总经理的选聘，其余人员则由发展公司自行招募。

物流中心发展公司主要负责园区外联和招商工作，并解决水电、食堂、车辆加油与维修等公共服务方面的问题。其运营经费来自三个方面：入驻企业的会费，车辆加油、维修和食堂服务等方面的创收，州政府的财政补贴。

另外，不莱梅州政府在物流园区经营管理上保持中立和服务者的角色，物流中心发展公司也不会干涉入驻企业的经营活动。不过，为了实现资源能源的优化配置和高效利用，州政府和发展公司会借助自身的协调与领导优势，引导和推动物流园区内企业间的沟通协调。

当前，不莱梅物流园区既拥有密集完善的基础设施，又能够为有需求者提供通信、加油、维修、清洗、餐饮等多种公共服务；同时，发达齐全的公路、铁路、水路等设施为多式联运和统一配送服务提供了有力支撑。由此，不莱梅物流园区成为具备物流、转运、仓储一体化服务能力的欧洲重要的物流中转基地之一。

整体上看，不莱梅物流园区能够成长为德国物流园区发展的典范，取得如此显著的成绩，离不开政府在园区发展中精准的自我定位和协调引导功能。正是当地政府深刻把握了"有所为有所不为"的精髓，才使不莱梅物流园区在发展过程中既具有明确的方向性，又不失活力和创造性。